極度韌性

18堂心理韌性練習課
帶你一步步打造復原力+自制力+抗壓力+持續力
泰然面對工作與生活中的所有難題

THE MENTAL TOUGHNESS HANDBOOK

A Step-By-Step Guide to Facing Life's Challenges, Managing Negative Emotions, and Overcoming Adversity with Courage and Poise

戴蒙．札哈里斯
Damon Zahariades

許家瑜——譯

企畫叢書　FP2283

極度韌性

18堂心理韌性練習課，帶你一步步打造復原力+自制力+抗壓力+持續力，泰然面對工作與生活中的所有難題

The Mental Toughness Handbook : A Step-By-Step Guide to Facing Life's Challenges, Managing Negnitive Emotions, and Overcoming Adversity with Courage and Poise

作　　者　戴蒙・札哈里斯（Damon Zahariades）
譯　　者　許家瑜
副總編輯　謝至平
責任編輯　鄭家暐
行銷企畫　陳彩玉、楊凱雯

發 行 人　凃玉雲
總 經 理　陳逸瑛
出　　版　臉譜出版
城邦文化事業股份有限公司
臺北市民生東路二段141號5樓
電話：886-2-25007696　傳真：886-2-25001952
發　　行　英屬蓋曼群島商家庭傳媒股份有限公司城邦分公司
臺北市中山區民生東路二段141號11樓
讀者服務專線：02-25007718；25007719
24小時傳真專線：02-25001990；25001991
服務時間：週一至週五09:30-12:00；13:30-17:00
劃撥帳號：19863813　戶名：書虫股份有限公司
讀者服務信箱：service@readingclub.com.tw
城邦網址：http://www.cite.com.tw
香港發行所　城邦（香港）出版集團有限公司
香港灣仔駱克道193號東超商業中心1樓
電話：852-25086231或25086217　傳真：852-25789337
馬新發行所　城邦（馬新）出版集團
Cite（M）Sdn. Bhd.（458372U）
41-3, Jalan Radin Anum, Bandar Baru Sri Petaling,
57000 Kuala Lumpur, Malaysia.
電話：+6(03)-90563833　傳真：+6(03)-90576622
讀者服務信箱：services@cite.my

一版一刷　2022年4月

城邦讀書花園
www.cite.com.tw

ISBN 978-626-315-088-1（紙本書）
ISBN 978-626-315-097-3（epub）

定價：360元（紙本書）
定價：252元（epub）

國家圖書館出版品預行編目資料

極度韌性：18堂心理韌性練習課，帶你一步步打造復原力+自制力+抗壓力+持續力，泰然面對工作與生活中的所有難題／戴蒙・札哈里斯(Damon Zahariades)著；許家瑜. -- 一版. -- 臺北市：臉譜，城邦文化出版；家庭傳媒城邦分公司發行, 2022.04
面；　公分. --（企畫叢書；FP2283）
譯自：The mental toughness handbook : a step-by-step guide to facing life's challenges, managing negnitive emotions, and overcoming adversity with courage and poise

ISBN 978-626-315-088-1（平裝）

1.CST：意志　2.CST：壓力　3.CST：自我肯定

173.764　　111001068

目次

第三部分　養成強大心理韌性的快速入門指南

給讀者的禮物

為了答謝各位購買此書，我想要送給你們一份禮物：《生產力大爆發：想要完成更多事情，必得培養的十大好習慣》（*Catapult Your Productivity: The Top 10 Habits You Must Develop To Get More Things Done*）ＰＤＦ電子書檔，全書共四十頁。

這本四十頁的書雖輕薄短小、很快就能讀完，但內容豐富，收錄許多實用且能真正改變人生的建議。

請點以下網址，並加入我的郵寄名單，便能迅速得到《生產力大爆發》這份禮物：

http://artofproductivity.com/free-gift/

接下來我們會深入探討「心理韌性」這項議題。讀完這本書後，各位便能具備挺過難關或是克服挑戰的各項必備能力了（內含一套詳細步驟的行動計畫）！

關於心理韌性的名言佳句

「成功人士也會感到恐懼、懷疑與擔憂，但他們不會任憑這些感覺左右自己、阻礙自己前進的方向。」

——T．哈福．艾克（T. Harv Eker）

「若心中一直有個聲音告訴自己：『你根本不會畫畫』，請務必拾起畫筆去畫畫；這樣就能關掉這個聲音了。」

——梵谷（Vincent van Gogh）

「只要擁有正確的心態，天底下便再無任何人、任何事能阻礙你達成目標；但若抱持錯誤的心態，誰也幫不了你。」

「若想知道此人心性為何，端看他會被什麼程度的問題搞到焦頭爛額。」

——湯瑪斯・傑佛遜（Thomas Jefferson）

——佛洛伊德（Sigmund Freud）

「心理韌性便是具備犧牲、克己與奉獻特質的斯巴達式精神。心理韌性是無懼，也是愛。」

——文斯・隆巴迪（Vince Lombardi）

緒論

能保持成功的人都具備強大的心理韌性。不論是運動員、企業經營者、老師、家長、學生、創業人士、作家等皆是如此，和屬於哪個領域沒什麼關係。一個人若能長年在某個領域表現傑出，光憑這一點就能證明他或她擁有強大的心理韌性。

長期成功之道無它，邁向成功的道路上，必然有重重的險阻與難關。想要成功，所有人都得披荊斬棘、歷經一番磨難，無人能例外。在邁向目標的過程中，得具備強大的心理韌性，才能克服種種挑戰。而是否具備強大的心理韌性，往往就決定了成功與失敗之差。

「心理韌性」一詞還有許多其他的講法

許多近義詞往往會用來指稱「心理韌性」，但有些詞用起來就是沒那麼精確。與「心理韌性」有關的近義詞如下：

- 恆毅力（grit）
- 堅持（persistence）
- 毅力（tenacity）
- 堅持不懈（perseverance）
- 堅忍不拔（stoicism）
- 復原力（resilience）
- 決斷（resoluteness）
- 決心（resolve）
- 心理耐力（mental stamina）
- 心理堅強（mental fortitude）
- 紀律（discipline）

我們會在**第一部分：心理韌性的基礎**深入探討心理韌性的定義。現在先了解這個大原則就行了：「心理韌性」指的是你我面對逆境時所展現出的堅毅。

在**第二部分：培養強大心理韌性的關鍵因素**中，我們會細細檢視個人心理耐力與決心的諸多不同面向，到時會再進一步闡述「心理韌性」的大原則。**第二部分**涵蓋了許多豐富的內容，節奏明快、不拖泥帶水，並附有許多供各位實地應用各章所學的練習。

在最後的章節——**第三部分：養成強大心理韌性的快速入門指南**中，我會提供一個十階段心理韌性養成計畫，幫助各位從頭開始建立起自己的心理復原力。擁有強大的心理韌性後，各位則得學會維持剛鍛鍊出的心理韌性。

這是一本什麼樣的書呢？

本書旨在幫助各位達成目標，百尺竿頭更進一步——不論你想在人生哪個面向發光發熱。簡而言之，我會告訴各位該如何建立心理復原力，以及如何克服人生種種阻礙、挫折與不如意。

你我需要的遠不只是樂觀的態度、正面的自我對話等陳腔濫調。說老實話，想要培養出強大的心理韌性，必得下一番功夫；在鍛鍊過程中須費盡千辛萬苦，且一路走來必然挫折滿滿。不過一旦養成了強大的心理韌性後，各位必將收穫豐盛。你會覺得自己的辦事能力大有長進，在各方面都更有主導權與影響力；你會覺得只要有心，沒有什麼是自己辦不到的！

隨著心態逐漸改變——這個改變過程**一定是**漸進式，絕非一蹴可幾——各位所建立起的信心將大大扭轉你的人生，讓你愈來愈好。無論各位是想當個更稱職的父母、更成功的企業經營者，還是改善與朋友和親人的關係，只要有心，你們一定都辦得到。

我個人認為市面上有關自我成長的書籍大多都太厚重、太冗長了。這些書籍的內容滿是奇人軼事、聲聲震天響的加油吶喊，和吊書袋且近乎譁眾取寵的長篇大論。

我這本書就不同了：輕便好拿、有滿滿的**實用**建議——今天各位就可以開始用了！我的目標是想在書中盡可能涵蓋所有必不可少，又能讓諸位盡快上手的實用建議。若各位讀完這本輕薄短小的書後，能按照書中所寫的建議馬上採取有效的行動，我會非常開心！

該如何讓這本書幫到自己呢？

讀這本書時，各位將會碰到各式各樣的練習。請大家不要跳過它。麻煩各位撥些時間完成這些練習，這些練習大多簡單、易上手，不會花大家太多時間和心力。

不過一說到練習「簡單、易上手」，我猜會有很多讀者在練習時不過隨意搪塞、交差了事，甚至乾脆不做。我希望各位不要這樣。請對這些練習抱有信心，相信這份努力能幫助自己成為一個具備強大心理韌性的人。本書雖不是什麼練習簿，但**的確**將實際行動置於理論學習之上。

為什麼呢？因為若想要改變人生，必得有能力把學會的方法實際運用在生活中。

這是我的經驗之談。我讀過好多的勵志書、參加過許多工作坊，多到我都數不清了，但到頭來那些建議對我來說沒什麼效果——因為我沒辦法實際運用於生活中。我想各位可能也有類似的經驗吧！

容我重申一遍：請務必做完這些練習。讀完本書後，你一定會很慶幸自己有這麼做。

若你決定接受屬於自己的任務……

在你的人生中，成功是否皆稍縱即逝、猶如曇花一現？選定了想要耕耘的領域，但你是否覺得自己很難達到目標、難以維持良好的狀態？不知各位是否曾碰過人生突如其來的變故，讓你備受打擊、滿懷怨憤、鬱結於心？

答案若是肯定的，那麼今天便是踏出第一步、為自己開始做些正面改變的好日子！

無論目前處境為何，也無論你現在正經歷怎樣的磨難，你都有能力改善現況。你能百尺竿頭更進一步——請抱持務實的樂觀心態看待這件事。自己抱持何種心態是由自己來主宰。掌握好**自己的心態**，勝利便在不遠處。

這本《極度韌性》能幫助各位做好充分準備，隨時應戰。本書將和各位分享鍛鍊心理韌性的各種必備心法，以及一份詳盡的行動計畫；面對逆境時，若想要擁有愈來愈強大的心理耐力，便需要一套完善的訓練——這部分我也會在書中詳細解說。

我們將一起踏上這趟旅程。我就是各位的導遊，我會確保大家都能充分利用自己的時間和注意力。在旅程即將畫上終點之際，若各位有確實做完書中的每項練習，你會發現自己的心態早已有所改變。

你會開始鍛鍊出強大的心理韌性。

聽起來很心動嗎？那就擇日不如撞日，讓我們馬上行動吧！

第一部分
心理韌性的基礎

心理韌性並非與生俱來。培養心理韌性就像在鍛鍊肌肉，需要時間的累積。這是個好消息，因為這代表人人有機會培養心理韌性。只要願意投入，便能鍛鍊出心理韌性。

但要鍛鍊出心理韌性，勢必得投注大量心力和耐心，且免不了遭遇挫折和打擊。這正是為何有那麼多人無法培養心理韌性。不適、不安在所難免。不過各位很特別——因為你們願意投注心力、願意承受些挫折和打擊來培養心理韌性，這樣的心理狀態對各位往後的人生極有裨益。

在培養強大的心理韌性之前，當務之急是先了解「心理韌性」的諸多不同面向，而這便是本章節討論的重點。我們會先檢視何謂「心理韌性」，並探討心理韌性的養成能如何改善你我的生活。接著我會和各位透露那些心理韌性強健的人具備哪些特質。各位在培養心理韌性的過程中，能像勾選清單般以這些人和自己做個對照。

最後，我會著重討論心理韌性養成之路上的幾大心魔。當情勢不盡如人意時，這些心魔便會想方設法阻撓各位、不讓各位堅持下去。讀完本書第一部分後，大家便能清楚地意識到這些心魔障礙的存在。先知道有哪些障礙，之後在面對各式心魔時，便能幫助自己戰勝心魔。

我先提醒一下：大家可能有先瞄到這本書的目錄了。若有先去翻目錄的話，你會發現這本書有好多章節。各位先別卻步！章節雖多，但大部分的章節篇幅其實頗短，因為我們會把重點放在**實地演練**上。

紙上理論愈少愈好，實際行動愈多愈好。勇往直前！

心理韌性是什麼（和「恆毅力」又有什麼不同）？

稍早以前我曾給「心理韌性」下個簡單的定義：「心理韌性」是你我面對逆境時所展現出的堅毅。這句定義雖短，實則蘊含深遠意義。讓我們來一一拆解。

首先，心理韌性與你我面對壓力的反應息息相關。碰到壓力時，你是崩潰洩氣還是堅持不懈？是就此放棄還是堅持下去？

第二，心理韌性包含了你我面對情緒的反應。意志消沉時我們會做些什麼？覺得自己似乎被生活薄待了，我們又是如何處理自己的憤怒和失望呢？

第三，心理韌性也包含我們的心理復原力。碰到挫折後，是選擇重新整裝待發、重振旗鼓，還是只會抱怨連連、把自己的困境都怪在別人身上？

第四，心理韌性牽涉到你我的恆毅力。當我們在邁向目標的路上卡關了，是選擇勇往直前還是束手就擒？

人們常以為恆毅力就等於心理韌性，實則非也。恆毅力是種特質，這種特質讓人在面對困境時仍能堅持下去；心理韌性則是種**心理狀態**。碰到逆境時，心理韌性是心態**堅毅**和我們整體觀念的展現。

這麼說起來，心理韌性的概念比較像是堅忍不拔的特質，而非恆毅力。

話雖如此，在培養心理韌性的過程中，恆毅力仍是至關重要的因素。恆毅力有助於你我控制面對負面情緒時的反應。恆毅力能讓我們信心滿滿：若想把心神專注在目標成就上，而不是一味陷在對失敗的恐懼中，我們便需具備這樣的信心。沒有強大的恆毅力是無法養成心理韌性的。

解釋完心理韌性的定義後，讓我來補充一些真實案例。

心理韌性的真實案例

各位至少知道一個運動員的名字吧！一個運動員若是真的在意自己的表現，他必定具備強大的心理韌性。從足球員到花式滑冰選手，運動員的生理和心理都得承受極大的考驗。若沒有鍛鍊出一定程度的心理韌性，運動員根本不可能熬過邁向成功所需具備的魔鬼訓練和紀律，也不可能扛得住當表現不如預期時伴隨的失望和沮喪。

各位至少也知道一個白手起家的企業家吧！一個事業經營有成的企業家勢必曾經歷排山倒海的壓力。創業者和企業經營者都會面臨無數的難關和挫敗。從長遠來看，唯有熬過逆境、戰勝難關，方能出人頭地。

想想醫生和護理師吧！這些醫療專業人員每天都在生死關頭和死神搏鬥，每個難關都是全新的挑戰。不論是在急診室還是手術室，不如意事往往在所難免。讓人意想不到的併發症偏偏發生在最糟糕的時候。碰到意想不到的情況時，唯有控制情緒、接受現況、即時行動，醫護人員們才能有效發揮表現。

想想第一線急救人員吧！第一線急救人員的任務便是趕到緊急現場，以提供專業救援。消防員、警察、醫務輔助人員和其他受過高度專業訓練的人員皆屬第一線急救人員。他們身處於極度高壓的工作環境。在自身安全也遭受威脅的情況下，第一線急救人員仍須背負期待、充分發揮專業表現。若沒有強大的心理韌性，這些人根本不可能辦得到。

各位若是為人父母，必然已擁有了一定程度的心理韌性——就算只是在人生單一面向上。養育孩子的過程充滿了不確定和恐懼。在面對恐慌和負面情緒時，勢必得處理意料之外的心理創傷——如傷害或重大疾病。為了日後的幸福，往往得犧牲當下的享樂。想要栽培出信心滿滿、做事游刃有餘且能獨當一面的孩子，勢必得經歷一段段壓力、恐懼，和內疚交織的風風雨雨。

在人生每個面向上打造出堅強的心智

上述的案例展現了強大的心理韌性，想來各位身邊可能也有些這樣的人。說不定你自己也是擁有強大心理韌性的人。不過我們往往只能在人生某個面向上擁有心理韌性，其他的面向則付之闕如。

舉例來說，在經營自己的事業方面，我能挺過各種棘手的難關，但這不代表我在養兒育女方面也能扛得住接踵而來的挑戰。同樣的，一個能在急診室裡冷靜沉著、有效完成任務的醫生，不見得能好好應對婚姻中的各式壓力。

本書便要告訴各位如何在人生的所有面向上打造出強大的心理韌性。一旦擁有心理韌性，各位便能怡然自得、內心平靜，知道自己有能力以泰然自若、優雅從容且自信滿滿的姿態應對人生的各種情況。

擁有強大心理韌性後的十大益處

正如稍早所述，要鍛鍊出強大的心理韌性，勢必得投注心力與耐心，且免不了遭遇挫折和打擊。而你我之所以要大費周章經歷這一切，是因為我們相信這麼做能大幅改善自己的人生。事不宜遲，就讓我們趕快來看看十個鍛鍊心理韌性的好處吧！這些好處必能讓各位終生受用。

益處一
提升對負面情緒的抵抗力

情緒就像一把雙面刃，能讓你我感受到喜悅，激勵我們採取行動，也能讓我們同理他人的感受。但情緒也能破壞你我的生活。負面情緒如憤怒、羞愧、恐懼和焦慮會導致我們做出糟糕的決定、試圖掩飾錯誤，當事態發展不如預期時便想就此放棄。

一旦各位擁有強健的心理韌性，便更能好好管理自己的情緒。負面情緒在所難免，但之後在面對人生逆境時，這些**負面**感受對各位的行為和反應的影響會愈來愈小。

益處二

提升自己的表現

心態決定了你我是否能有一流的表現。這牽涉到我們該如何面對挫折。無論你是運動員、外科醫生、廚師還是音樂家，想要擁有發揮高水準表現的能力，端看各位在面對問題時會有怎樣的感受與反應。若遇到挫折便萎靡不振，表現自然一落千丈。更糟的是，可能永遠無法充分發揮潛能，一展長才。

具備心理韌性有助於各位面對挫折的挑戰。日後碰到逆境時，你能從容不迫、信心滿滿地處理問題，而不是萎靡不振、束手就擒。碰到難關或意料之外的情況時，更能得心應手的應對一切，克服眼前的挑戰。

益處三

深信情況必會好轉

若你無法從逆境中復原，當面對挫折和打擊，就很容易變成一個聽天由命、一蹶不振的人。你可能想就此放棄，認定了人生就是不公平。你也可能直接認輸，在內心告訴自己堅持不懈根本是徒勞無功，反正現況也不可能好轉。

但這樣的想法根本大錯特錯。情況一直在變，且往往取決於我們採取了哪些行動。處在緊張高壓的局面時，情況不是有所好轉，就是每況愈下。而這取決於我們面對誘發壓力的刺激時，會有哪些行為反應。處在焦慮不安的局面時，情況是變好還是變壞，就看我們的反應。

擁有良好的心理復原力，能讓各位具備挫折容忍力，面對逆境時仍堅信自己的決心與毅力必有所獲——一切必會好轉的。

益處四

提升壓力管理的能力

壓力源自於我們會悲觀地設想各種糟糕的後果。有些也許真的會發生，但有些只是自己想出來的。因為我們認為任何事都有高風險。一旦搞砸了，事情就不妙了。

舉例來說，業務如果沒有達到業績目標，就得承擔飯碗不保的風險。消防隊員得充分發揮工作表現，否則可能造成人員傷亡。運動員如果沒有維持高水準的表現，就得承擔被競爭對手超越的風險。

具備心理韌性能提升各位的抗壓性。當壓力來臨時，你能在壓力下成長茁壯，而非崩潰洩氣。面對巨大的壓力時，擁有堅強的毅力便能讓各位保持積極與樂觀的心態，並對自己的能力充滿信心。

益處五

不輕易被自我懷疑的聲音左右

每個人都會有自我懷疑的時候。各位若對這句話感到不太服氣，覺得自己身邊就有個**看起來**總是沉著自持到甚至有些自傲的人物，那我也想請各位看看那些時不時（甚至可說是常常）就在內心批判自己的人。

自我懷疑會影響你我的生活。大家會在心中自忖自己是否有能力和他人一較高下，是否能達成心中的目標。我們甚至會憑空想出各種最糟糕的結果，而這些內在批判的聲音吞噬了你我的自信心。

雖然心理韌性無法完全消弭自我懷疑的聲音，但能讓各位不因陷入自我懷疑，而搞砸了自己的表現。透過心理韌性的養成，各位能逐漸理解到凡事雖不可能萬無一失，但我們對失敗的恐懼實源於內心的不安全感，而不是真的注定會失敗。雖然內在批判的聲音不絕於耳，但事實上搞不好成功的機率還比失敗大呢！

益處六

更清楚自己的夢想與目標為何

當你身處逆境卻不知為何而戰時，想要衝破逆境談何容易。如果不清楚自己到底**為何**要那麼努力克服逆境，便很難維持前進的動力。

舉例來說，假設你已經花了好幾個月在找工作。但前景看似渺茫，存款又快要見底了。在這樣岌岌可危的情況下，人很容易陷入沮喪，想要就這麼放棄了。這就是「絕望」不容小覷的地方，因為絕望會讓人滿腦子都想到失敗，而模糊了眼前的目標。

擁有強健的心理韌性，便能把心力著重在自己想要達成目標的理由。你不會再輕易受絕望感左右，因為你很清楚自己究竟為何而戰。搞清楚自己的目標與夢想，便能保持衝勁與動力，面對人生各式的挑戰。

益處七

無懼

對未知的恐懼，往往是阻礙你我充分發揮潛力的一大主因。恐懼雖會以不同的樣貌呈現，但有一種恐懼是大家非常熟悉的：不知踏出舒適圈後的前途如何，故怕得裹足不前。

人類極其注重舒適與可預測性。我們也許嘴上說自己對驚喜和衝動滿懷憧憬，但其實大部分的人不過是習慣的動物。我們習於依循慣例與常規。有慣例可循會讓我們感到安心、感覺自己更能掌控身邊環境。從此，光是想到嘗試新事物這個念頭便會讓你我卻步。我們實在害怕未知。

養成強健的心理韌性，便能逐漸消融對未知的恐懼。強大的心理韌性能讓我們鼓起勇氣踏出舒適圈，探索新事物。我們能有機會成長茁壯，培養新技能，對一切有更新的見解和領悟。

益處八

提升接受失敗（以及從失敗中學習）的能力

人生絕非坦途，失敗在所難免。無論我們想實現什麼夢想，任何夢想都有失敗的可能。

大部分的人會千方百計地避免失敗。由於這些人將失敗視為對自己人格與價值的否定，故往往不願冒任何風險，不願犯絲毫的錯誤——就算這樣一來會阻礙自己個人與專業上的成長，這些人也在所不惜。他們只許成功，不許也不容失敗。

培養強大的心理復原力，不僅能讓我們認清並接受無論做任何事，都有可能會失敗的事實，還能讓我們從錯誤中學習。建立起強健的心理韌性後，各位不再會將失敗視為對自己人格與價值的否定，而能將失敗視為機會——一個能藉此調整行動方式，在未來改善表現的機會。縱然清楚凡事皆有失敗的可能，也不會因害怕失敗而裹足不前。

益處九
提升「延遲享樂」的能力

如果可以選擇，我們會更想要選擇現在就享樂，而非延遲享樂——畢竟這就是人性。但問題是這種直覺反應往往會帶來負面的後果。

若總想當下享樂，會讓你我忍不住放棄自己的目標，因為要達成目標需要耗費太多心力了。

一旦我們將自制力視若無物，認為自制力不過是徒增痛苦罷了，那麼你我的耐性和控制力將會一點一點被吞噬。一味追求及時享樂，會讓我們不願付出努力來達成目標，因為我們深受當下唾手可得的享樂所惑。

心理韌性能提升各位延遲享樂的能力。擁有強大的心理韌性後，各位不再會任由自己被衝動左右。你能抵抗眼前的誘惑，把心力專注在為了達成更遠大目標所需付出的努力上。

益處十

願意放下心痛的過往

我們往往放不下那些曾經讓我們心痛的過往：也許是昔日鑄下的大錯，或是遭旁人的冷眼相待，或是很久很久以前做的決定但至今仍追悔不已。這些放不下的過往有時會漸漸桎梏你我，成了你我的一部分。如此一來，便漸漸吞噬了我們本該擁有的內心平靜與自信。

一旦培養出心理韌性後，各位便能更懂得放下這些昔日的不快與懊悔。學會放手後，各位便不再一味沉浸於過往的痛苦與悔恨中，而能將之視為持續成長的墊腳石。每一個錯誤都是寶貴的一課，可讓我們從中汲取經驗；每一次的受人冷眼，都能讓我們更懂得珍惜那些值得珍惜的關係；每一個令人懊悔的決定，都能讓我們重新檢視自己的目標，確保目標和自己的價值觀一致。

從過往的點點滴滴學習到經驗後，我們便能勇往直前，把那些心痛留在過去。

這一章的篇幅真的有夠長。但我得讓各位清楚了解鍛鍊心理韌性能帶來哪些好處。接著讓我們來看看擁有強健心理韌性的人有哪些共同特質。

具備強健心理韌性的人擁有的七大特質

請各位想想身邊有哪些人達到了你內心對「成功」的定義。這些人也許是在競爭激烈的商場上拼搏出一番大事業的親戚，或是總能達成自己設定的生活與工作目標的朋友，又或是個工作效率奇佳的同事。

其實這些成功人士和大家都一樣，也會面臨到挫折與挑戰，難免都有些不順心的日子。他們也得時時提防意料之外的差池。失敗更是無所不在，在暗處伺機而動，有些失敗更是防不勝防，難以避免。

儘管面臨重重難關與挑戰，這些人仍能堅持下去，成功戰勝逆境。

每一個成功人士都已經培養出強大的心理韌性。縱然身處逆境也能克服困難，東山再起。他們能以堅定的毅力、膽識和勇氣面對挑戰，對自己的能力深具自信心，也深知困難與失敗在所難免。

這些成功人士的心性與行事值得你我仔細觀察學習。故以下列出具備強健心理韌性的人所擁有的七大重要特質。

特質一　懂得放下那些自己無法改變的事物

心理韌性強大的人也和大家一樣，會對許多不同事物抱持極大的興趣與熱忱。舉例來說，有些人會收看新聞以掌握最新政治動態，閱讀評論、聽取專家意見以增廣自身見聞。而有些人則是對全球暖化、人口販運、食品安全等重大議題極感興趣。

而具備強大心理韌性的人就算對某些議題感興趣，也能很快認清自己其實對這些重大議題多半沒有什麼影響力——這就是心理韌性強大的人與旁人不同之處。明白自己心有餘而力不足，心理韌性強大的人在盡其所能後，便能不再沉溺在議題中，轉而投注心力在自己擁有重大影響力的事物上。

以全球暖化議題為例，我們可以透過投票、簽署請願書、盡量減少個人碳足跡為地球盡一份心力。但以全球整體規模來說，我們個人缺乏改善全球暖化議題的重大影響力。光憑我們微薄的力量就想得到令人滿意的結果根本是天方夜譚，徒費大量心力試圖改善全球暖化問題注定將是一場空。

心理韌性強大的人懂得擺脫這樣的無力感，勇往直前過生活。

特質二

處理意料之外的狀況時，具備良好的適應力

人生總有讓人措手不及、意料之外的時刻。若我們太過胸有成竹，自以為事態發展必在自己意料之內，那麼意料之外的狀況便在不遠處等著你我，殺得你措手不及。

當事態發展不如預期時，大多數的人往往又驚又怕，嚇得不知所措。而這點也是心理韌性強大的人與芸芸眾生不同之處：心理韌性強大的人很清楚就算事前計畫對目標的達成極有裨益，但任何一個意料之外的狀況都能讓事前精心不過的計畫付諸流水。故他們懂得學會適應變化，提升自己面對意外狀況時的心理適應力。

在你身邊有沒有那種在生活不同面向都能取得成功的人呢？你有沒有想過這些人在碰到一個又一個挑戰時，究竟是如何保持冷靜、沉著應對的呢？關鍵就在這些人擁有充足的適應能力和心

理準備。

這是心理韌性強大的人具備的一大關鍵特質。

特質三

擁有強大的自我覺察能力

自我覺察指的是能覺察出自身的情緒狀態，辨識自己的決定和行為背後的動機，以及認知到自身性格與人格特質所帶來的影響。這樣的定義雖略嫌籠統，不過目前先這樣就夠了。

心理韌性強大的人擁有極高的自我覺察能力——這是種不可或缺的能力。這些人深信自己一定能表現優異，且面對任何狀況都能游刃有餘，他們的自信便是來自於良好的自我覺察。心理韌性強大的人相信自己能夠適應任何變化，克服各種難關。他們靠的不只是自己的長處，還有承認自己的不足之處。願意承認自己的不足之處，便能好好控制自己的情緒，學會承擔壓力，即使身處逆境也能維持良好的心理恢復力。

大多數的人都以為自己有強大的自我覺察能力，但就我個人的觀點，我認為擁有強大自我覺察能力的人其實少之有少。大部分的人的確很清楚哪些事情會誘發自己的情緒。我們知道有某些特定的刺激能激起自己憤怒、緊張或快樂的心情，也知道自己有優點也有缺點。但**真正的**自我覺察可不只這些，其蘊含的內容更深更廣。心理韌性強大的人透過刻意探索自身心理與培養補償策略（compensatory strategies），幫助自己衝破逆境，達到真正的強大心理覺察能力。

特質四

願意面對難以預料的狀況

稍早我們曾提到一件事：心理韌性強大的人有良好的適應能力來應對意料之外的情況（請參特質二）。其實這些人不僅具備良好的適應力，還能勇於面對一切的未知數。他們很清楚沒有什麼計畫是萬無一失的——再周全的計畫都有可能因趕不上意料之外的變化而宣告失敗。正如十九世紀普魯士軍隊參謀長老毛奇（Helmuth von Moltke the Elder）所言：「作戰時不可能一切按計畫進行。」（No battle plan survives contact with the enemy.）

就算知道計畫很可能趕不上變化，具備強大心理韌性的人仍願意勇往直前。縱然深知失敗的可能無所不在，他們仍能準備就緒，勇於面對一切未知的挑戰。

這是個不凡的特質。天生具備這樣特質的人少之又少。倒不如說這樣的特質其實有賴長時間的養成——往往得歷經風霜與難關，且時時都有可能碰到情緒甚至身心的打擊。請你說出一個心理韌性強大的人，然後我也來告訴你一個成功挺過一連串困難與挑戰的人。

特質五

具備從失敗中站起來的能力

人生充滿了大大小小的挫折。有些挫折小到對我們的生活幾乎沒什麼影響，而有些挫折又沉重到不斷縈繞於心好幾個禮拜，久久難以釋懷。舉例來說，你在職場上埋頭苦幹了好幾年，期望有朝一日能升遷，但到頭來還是沒人注意到你的努力和付出。或是想像一下自己訓練多年，就為了能擠進奧運國手的名單卻表現失利，未能符合參賽資格——多年的夢想就這麼破碎了。

這類沉重的挫折可能痛苦到讓人從今往後都再也不敢冒險、放手一試了。遭逢沉重的打擊重挫後，我們可能會被嚇到不知所措、六神無主，抖到難以設定目標、制定計畫、採取行動。簡而言之，我們從此會千方百計避免自己再經歷一次那樣的打擊。

面對失敗的打擊，心理韌性強大的人則持不同的觀點。他們和一般人一樣，也認清了挫折無論大小都在所難免的事實，但他們更懂得將失敗的經驗視為寶貴的學習機會，痛定思痛，好好審視失敗，從中汲取教訓。其實從失敗的結果往往可學到哪些是行不通的策略，哪些是無效的方法，以及未來有哪些錯誤可以事先避免。

對失敗抱持如此正向的觀點，心理韌性強大的人更容易東山再起，從失敗中站起來。

特質六 做自己情緒的主人

每個人都會經驗到負面情緒。對生活的失望、落空的期待和突發事件攪亂了我們的生活，負面情緒由此而生。

例如收到工作績效考核不佳的結果後，各位可能感到灰心喪志；或者在辛辛苦苦為考試準備了好幾天後，出爐的成績卻糟糕透頂，這時的各位可能會很氣自己；又或者各位曾無預警被塞在高速公路車陣中近乎動彈不得，害你在重要的場合遲到，那時的你可能會氣到無語問蒼天。

許多人往往任由情緒主宰自己。而當我們經驗到灰心喪志、憤怒和沮喪等**負面**情緒時，問題便油然而生。這些負面的感受會讓我們瑟瑟縮縮，無法做出理性的決斷，難以採取有效的行動，如此一來便阻礙了你我的個人與專業成長。

心理韌性強大的人能做自己情緒的主人。他們的情緒智商比一般人高，但這不代表他們沒有經歷過負面情緒。心理韌性強大的人反而更能覺察到這些負面感受，且更懂得調節負面情緒，堅定內心的目標，在人生的道路上勇往直前。

特質七

抱持務實的樂觀心態

我們很容易深陷在負面心態中久久難以自拔，畢竟我們天天都被接二連三的負面消息疲勞轟炸：一下是最新的政治醜聞爆發，一下又是即將到來的衰退等報導。社會上瀰漫了這麼多負面的氛圍，我們會滿腹愁思，心態悲觀倒也不奇怪。

不過具備良好心理韌性的人往往抱持著正面的心態。這些人樂觀看待未來，但這可不代表他們是那種盲目樂觀，天塌下來還在笑嘻嘻的人。他們審慎樂觀看待未來，旁人眼中只見到災難與絕望，他們反而能從中看出機會。心理素質強健的人是樂觀的務實主義者，他們懂得避開負面心態的泥淖，不願沉溺在其中。與此同時，他們對自己的能力保持信心，相信自己的判斷，凡事盡其在我。

和心理韌性有關的好消息

強大的心理韌性並非與生俱來，心理韌性得靠我們每個人慢慢養成。這真的是好消息！因為這代表我們能主宰自己的心理韌性。各位可將前述所列的七大特質一一用在生活當中。以後碰到挫折與挑戰時，大家便能不再像從前般被嚇得手足無措進而灰心喪志，而是能趁此培養必要的心理復原力，以求更好的表現。

關於心理韌性強大的人多半有哪些共同特質，我們也談得差不多了。讓我們來談點別的吧！一起來看看在養成強健心理韌性的過程中，各位將會面臨哪些嚴峻的關卡與挑戰。

阻礙強大心理韌性養成的八大「殺手」

面對眼前重重難關與逆境時，仍得深信自己一定能堅持下去，這份心性的養成是條漫漫長路。但話又說回來，如果培養心理韌性有那麼容易，那每個人早就都具備強大的心理韌性了，何來放棄的念頭？在人生的道路上，本就會天外飛來一些挑戰；有些乍看還挺棘手的。面臨大大小小的挑戰時，絕望和無助感會一點一滴吞噬你我的信心和樂觀心態，因此我們必須鍛鍊心理素質，挺過一次次的難關。

若將這些難關比做一個個難纏的「殺手」，在人生的道路上各位還得陸陸續續過關斬將。其實你可能已經和某些「殺手」交過手了。當情勢變得膠著且難纏，每一個殺手都在試著恐嚇各位，逼迫各位棄械投降。

讓我們來看看阻礙各位養成堅毅心智的八個常見威脅。讀完本篇後，大家在逐漸增強決心的同時，也更能清楚辨識出哪些是潛在的威脅。若能在這些威脅冒出前便「一眼識破」，相信大家便更能做好準備，克服眼前的挑戰。

一號殺手
自怨自艾

自怨自艾不僅會消耗你我大量的心力，還會逐漸瓦解我們的決心與毅力。遭逢逆境時，自怨自艾的心態讓我們較容易就此向失敗低頭、束手就擒，難以堅持下去、挺過每個難關。到頭來我們只會一味深陷於失敗和自身劣勢的泥淖中，而非想著如何鍛鍊心智、衝破逆境。

自怨自艾的心態會影響我們的行為，讓我們腦中不斷想著自己諸事不順，而忘了該重新站起來，繼續朝目標前進。一味地自憐自嘆只會讓我們沉溺在負面心態中，阻礙你我採取必要行動，克服眼前的難關。

這便是自憐所帶來的危險。自憐是心理復原力最大的敵人。

二號殺手

自我懷疑

當身邊形勢對自己不利時，若對自己的能力和技術缺乏信心，實在很難在劣勢下保持強大的心理韌性。能否衝破逆境，關鍵其實往往不是個人缺乏能力與技術——不安全感才是決定性的關鍵。當人沒有安全感，往往會選擇什麼都不做；什麼都不做，便是扼殺成功更大的元凶。

人會感到自我懷疑是很正常的，這不是我們的錯。自我懷疑的感受是大腦保護我們、提醒我們得認真努力的機制。財星500強企業（Fortune 500）的執行長、世界頂尖的運動員、電影名導，甚至總統也會有感到自我懷疑的時刻。

自我懷疑乃人之常情，但怕的是我們任由自我懷疑在心中生了根，讓自己裹足不前。如此一來，我們全副的心力都將放在自己的缺陷上，不安全感會逐漸吞噬你我，讓你我動彈不得。

三號殺手

內在的自我批評

內在的自我批評和前述的自我懷疑心態息息相關，但有鑑於內在自我批評的聲音會深深影響你我的認知，這個議題值得在此進一步探究。

每個人的內在都有一個自我批評的聲音，那個聲音一直在指責自己表現還不夠好、腦子還不夠聰明，或是外表還不夠有魅力。內在批判的聲音抱怨連天，整日朝我們碎碎念，一直試圖讓我們相信自己配不上那些想要追求的成就。無論我們做何事，內在批判的聲音總可挑出失誤，還會讓你我以為別人也覺得我們做不好。

在養成強大心理韌性的過程中，「內在自我批評」恐怕是各位最難纏的敵人。這個內在的聲音不僅會讓我們老想著自己表現不好的那一面（可能是自己想像出來的「不好」，也有可能是真的做不好），還會千方百計讓我們覺得自己真的很差。一旦腦子塞滿負面思考，各位的內在自我批評就贏了——它讓你忘了要強化自己的決心與毅力。

想要鍛鍊出強大的心理韌性，各位得學會關掉內在負面的自我對話。在**第二部分：培養強大**

心理韌性的關鍵因素中，我會和各位分享一些戰勝內在自我批評聲音的祕訣。

四號殺手

恐懼

恐懼有百百種不同的面貌：我們害怕讓別人失望，害怕自己達不到他們的期望，也怕達不到**自我的**期待；我們害怕失敗，也害怕成功；對於不熟悉和未知的一切，我們都感到害怕。

不論是哪種恐懼，都會危害我們的心理復原力。恐懼會一點一滴磨掉我們的毅力，在我們心中肆意滋生各式的負面情緒，讓我們一心糾結在可能不如人意的結果。光想到結果可能會是場災難，我們便被恐懼嚇得手足無措。

恐懼會扭曲你我對現實的認知，讓我們以為自己的表現肯定是以不忍卒睹的災難收場。若我們任由恐懼在自己心裡生了根，將會連行動都還沒行動，自己就先垂頭喪氣了。其實無論我們要做什麼，以災難收場的機率簡直微乎其微，根本不值一提。

恐懼不僅會讓我們想像出各種可能的負面結果，還會放大負面結果的影響。舉例來說，在上臺報告前，恐懼可能會在我們耳邊低語：「報告一定會以失敗收場，你會被臺下觀眾嘲笑，你在別人心中會落個能力不足的印象，從此以後便翻不了身。」但實際上我們也有可能會表現得很好，給臺下觀眾留下極好的印象。報告過程中縱有些意外的插曲，也是瑕不掩瑜。

恐懼是種阻礙你我強化心理韌性的情緒。培養出強健的心理韌性，恐懼的情緒便不足為懼。

五號殺手

懶惰

有懶洋洋的感覺並不是問題，抓緊機會放鬆一下也沒什麼問題。我們得定期騰出時間好好放鬆，不然就會有身心彷彿被掏空的「過勞感」。過勞感對我們的表現和生產力危害甚鉅，比時不時發個懶有更為嚴重的影響。不過話又說回來，若一味放任自己的懶惰，恐怕會懶惰成性，甚至**一發不可收拾**。

舉例來說，假設鬧鐘在早上響起時，你沒有馬上起床，而是直接按下貪睡按鈕。幾分鐘後鬧鐘又響了，你又按下貪睡按鈕。這般來回幾次後，你終於從床上爬起來了，但整個人無精打采的。噢對了，你快遲到了！你的早晨就以如此懶洋洋的姿態揭開序幕，接下來的一整天，你的表現想來也不過爾爾。

在上述情況中，早上起床就貪睡，一副懶洋洋的模樣，整個人久而久之會愈來愈無精打采。而這渾身乏力、沒有精神的感覺又會讓各位在遇到挫折時，更沒力氣堅持下去。這種精神凝滯（mental torpor）的現象會讓各位在面對逆境時無法蓄勢待發，堅持下去挺過難關，只能束手就擒，向逆境舉白旗。

六號殺手

完美主義

每個人都想要完美表現，不出一點差錯。在職場上，我們希望每場上臺報告都能無懈可擊；在家裡，我們希望家是個沒有多餘雜物的生活空間；在運動場上，我們希望自己能有無可挑剔的表現；在學校，我們希望自己能在每項考試和作業上都取得頂尖的成績。

簡而言之，我們希望做個完美無缺的人。

大部分的人願意接受自己**並不**完美，但有些人光是想到自己有一絲一毫不完美之處，便難以忍受。為了滿足對自我的期待，也為了不讓旁人對我們失望，我們費盡心力想把每件事都做到完美無缺，無可挑剔。

但問題來了——完美主義是心理韌性的一大禍害。完美主義會讓你我糾結不已：只許自己有無懈可擊的表現，完全不容許自己有一點缺失。這樣的完美主義心態最容易讓人一點作為都沒有，漸漸全面瓦解掉你我的認知復原力。這樣的自我傷害（self-harassment）易生自我懷疑，而內在的自我批評聲音也會趁虛而入。

七號殺手
深陷在情緒中難以自拔

情緒是把雙面刃，情緒可以是我們的最佳盟友，也可以是我們的頭號對手。有時我們會經驗到喜悅、希望、愛和鼓舞，這些正面的情緒可讓你我信心滿滿、心滿意足、持樂觀的態度看待未來；但有時我們會經驗到憤怒、悲傷和嫉妒，這些**負面**情緒更可進一步讓你我灰心喪志、心生怨恨，徒增不必要的焦慮。

正如先前所述，負面情緒本身不是問題，負面情緒本就是我們心理的一部分。縱然經驗到負面情緒，也不會阻礙心理韌性的養成。

真正的問題實源自於缺乏對負面情緒的控制能力。如果我們不好好控制負面情緒，任由負面情緒主宰你我，便會深陷於負面思考的泥淖中。我們若將愈多的注意力資源拱手獻給負面情緒的魔爪，在面對挑戰和難關時，便愈無法維持強大與堅毅的心理素質。

簡而言之，我們會愈來愈無法處理生活的種種難題。

八號殺手

「自我設限」的想法

每個人都有各自的優缺點，大家對自己能力的想法也有所不同。而這些想法往往又不大符合實際情況：我們以為自己有某些不足之處，但其實並沒有。這類的想法會阻礙你我積極採取行動，以達心中目標的能力。簡而言之，這類想法會讓各位**自我設限**。

舉個例子來說，假設你現在想要開始經營一項副業，以下所列的內心嘀咕便是些常見的自我設限想法：

- 「我年紀太大了，根本沒辦法創業。」
- 「我沒有經營事業的經驗呀！沒有經驗的我一定會失敗。」

●「這個產品的構想實在太蠢了，根本沒人會想買這種東西。」

這些想法會在各位腦中構築出不盡真實的印象。這類想法往往會放大那些不真實，或是毫無根據的臆測。舉例來說，開創副業沒有什麼年紀太老的問題，也早有數百萬的人以零經驗的身分創業成功。而且想知道有沒有人會買你的產品，必得先推出產品才有辦法知道呀！

自我設限的想法會讓我們連第一步都還沒開始跨出就先退卻了。自我設限的想法讓我們以為自己還沒準備好邁向目標、達成夢想。若我們無法戰勝「自我設限」的心魔，日後碰到困難和壓力的挑戰時，也無法堅持到底、衝破難關。如此一來，我們將在不知不覺間變得畏首畏尾，阻礙了自我的成長，且難以發揮自身的潛能。

漫漫前路

現在各位已經大致了解，當自己實在很想放棄時，我們應該訓練大腦對付哪些心理「殺手」，以堅持不懈熬過重重難關。在第**二部分：培養強大心理韌性的關鍵因素**中，讓我們一步步來檢視這些訓練過程，逐步鍛鍊出強大的心理韌性。

不過醜話先說在前頭：培養強大的心理韌性是段充滿險阻的漫漫長路。在這過程中，各位須時時省視內心、保持耐心，並持續運用在接下來的章節內所習得的戰術和策略，以鍛鍊自己的心理韌性。前方的路雖長，但抵達目的地之後，各位便能擁有強健的心理韌性——想要勇敢衝破人生各種千奇百怪的逆境與難關，強健的心理韌性是不可或缺的。

練習一

複習一下上述阻礙心理韌性養成的八大殺手，並好好想一想目前有哪些「殺手」正在大肆破壞你的認知復原力。各位也許正和某一個「殺手」廝殺，又或許忙著跟不只一個「殺手」纏鬥。不管對手有幾個，請將之一一列在一張索引卡上。接著，請把索引卡放在桌上顯眼的位置。

這項簡易的練習能幫助各位特別留意自己得克服哪些挑戰，才能鍛鍊出強大的心理韌性。

練習所需時間：五分鐘。

第二部分

培養強大心理韌性的關鍵因素

本章節旨在訓練各位強化自己的心理韌性。我會和各位分享幾個管理情緒、加強毅力以及提升心理素質的方法，幫助大家應對各種不同的情況。碰到不如預期的狀況時，這些方法還能幫助各位增強毅力與恆毅力。

這不只和心理韌性有關，也不只和堅持的心態有關。而是當事態的發展出乎各位意料之外時，該如何風雨生信心，培養出強大的拼搏精神繼續向前行。遭逢逆境仍能勇於前進需要勇氣、自信以及堅毅的心。

如何在巨大的壓力下保持沉著冷靜，且能以從容不迫的姿態面臨各種挫折的打擊，並一一克服它，這份韌性並非與生俱來，而是後天養成的本事。這是天大的好消息呀！因為這代表只要願意投注時間與心力訓練自己的心性，人人都能鍛鍊出強大的心理韌性。為了幫助各位強化心理韌性，本書的每個章節最後都附有一項練習活動。每一項練習皆簡明扼要，旨在幫助各位將所學的鍛鍊方法運用在生活中。且最重要的是，這些練習都是奠定擁有強大心理韌性的關鍵基礎。

其他探討心理韌性的書，往往會致力著墨在心理韌性背後的理論和心理學研究上，但我這本書正好相反：我會將重點放在**實際運用**上。唯有成功將心理韌性養成技巧實際運用在生活中，鍛鍊心理韌性才有意義。

為了能以正向的姿態迎戰各種難關，請問各位準備好控制衝動、管理自身行為和調整心態了嗎？請問各位願意調整自己看待逆境的心態嗎？願意的話，讓我們一起衝鋒陷陣吧！

鍛鍊心理韌性，做自己情緒的主人

情緒對我們如何面對挫折與挑戰有著極大的影響力。當身邊諸事不順時，若想要兵來將擋，水來土掩，應對得當的能力與我們如何管理好自身的情緒可說是息息相關。若我們無法管理好自身情緒，勢必會重挫你我在壓力下的表現。如果我們**能**管理好自己的情緒，便能更懂得處理錯誤與難題。

這就是所謂的「情緒商數」（emotional intelligence）。情緒商數指的是我們了解並懂得管理自身情緒的能力，而具備這樣的能力能讓我們擁有傑出的表現。想要擁有高情緒商數，絕非透過壓抑自己的感受，讓自己看似堅強地面對逆境的挑戰——而是應該反其道而行：當我們面臨生活的挑戰時，應試著辨識自己的感受與情緒，如此一來可以學習控制恐懼感，管理壓力，並全神貫注應對各式逆境的挑戰。

自我覺察的重要性

想要擁有強大的心理韌性，我們得了解自己內心的感受，且必須清楚知道自己的想法與信念。大家必須先搞清楚自己的價值觀究竟為何，日後才有辦法以堅定不移的決心面對逆境。

想要鍛鍊強大的心理韌性，並不代表我們得扼殺自己的情緒。事實正好相反：我們應該**接納**自己的情緒。唯有接納自己的情緒，才能做自己情緒的主人。面對挫折的打擊時，透過接納自己的憤怒、沮喪以及其他負面情緒，才能好好檢視這些負面情緒的特質，想想這些情緒究竟是真是假，並好好管控那些杞人憂天的負面情緒。

想要做自己情緒的主人，第一步便得先增強自我覺察能力。

「同理心」所扮演的角色

「同理心」一詞的概念往往為人所誤解，甚至會被過度簡化，以為同理心就是「當好人」的意思。其實具備同理心指的不只是彬彬有禮，或是當個好的聆聽者，「同理心」的學問可大了。具備同理心指的是能設身處地為他人著想，並根據他人所處的情況了解對方的情緒。擁有同理心，代表各位能理解旁人在該種情況當下的想法與感受。

「同理心」著重在理解他人的感受，但「同理心」對我們個人培養強大心理韌性來說其實也是項不可或缺的要素。以他人面臨的種種逆境與挑戰為借鏡，也可讓你我有自己的一番體悟：日後若是自己碰到類似的情境，當能更了解因應之道。若我們對他人愈有同理心，便愈不太會對他人的處境有些一知半解的想像。

做個富有同理心的人，我們便能坦然回答以下問題：

- 「若我也面對類似的情況，自己會有怎樣的情緒及感受呢？」
- 「在那樣的情緒下，我會有什麼樣的反應？」
- 「想想自己的能力、實力和理解程度，我那樣的反應合理嗎？」
- 「日後碰到這些難題時，我希望自己能如何因應？我想當什麼樣的人呢？」

同理心讓我們更能與他人感同身受。當我們碰到麻煩與打擊時，我們能更了解自己，且能更坦然地檢視自己的性格。

為何情緒控管非常重要？

許多人往往誤以為情緒控管指的就是扼殺自己的情緒，但這樣的想法根本大錯特錯。若想要做好情緒控管，當自己情緒的主人，必得懂得辨識自己的情緒，理解自己為何會有那樣的情緒，以及學會妥善**管理**情緒。

如前文所述，我們並不想扼殺了自己的感受和情緒，這麼做也不會讓你我的心理韌性更強大。從長遠來看，刻意否定與壓抑情緒反而會讓你我更容易受焦慮和憂鬱左右。

情緒**管理**——也就是妥善控制情緒——讓我們有機會意識到情緒的存在，且能正面迎戰，好好檢視情緒（的本質），並想想自己在目前的處境下是否能鎮定自若。

舉個例子來說：假設各位在學校的一次考試中拿到了很差的成績。這時的你可能會很討厭自己，覺得自己實在很蠢，根本沒有辦法拿到更好的成績。這些負面情緒和對自己過於嚴苛的指責其實會重挫各位，並扼殺了你在日後捲土重來，表現良好的能力。若懂得妥善控制情緒，便能深入探索各式情緒，好好審視自己內心諸多的臆測究竟有幾分真實（先給大家劇透一下：你們內心的臆測往往都不準，和現實不大相符）。情緒控制讓各位有機會根據現實，重新調整對自我能力的看法。

無論身處順境還是逆境，「心理韌性」的養成與我們對自我以及自身表現能力的看法息息相關。憂慮、沮喪、焦慮所帶來的情緒會阻礙你我的發展，拖緩我們的步伐，甚至讓身處逆境時的我們放棄了自己的夢想。因此情緒管理是我們人生中不可或缺的技能。

如何管理情緒，做自己情緒的主人？

增進情緒控制的能力有賴時間的累積。許多人終其一生深受自身情緒所困，甚至有些人明明能力優異，卻仍飽受不相稱的情緒所擾。故若想要學會管理情緒，就必須靠時間慢慢培養。以下是對我來說滿管用的情緒管理方法，請各位參考看看，說不定對你們也管用：

- 好好審視自己的正面與負面感受，承認這些感受的存在。
- 當負面情緒出現時，請先細細檢視這些情緒。接著問問自己：「**這些負面情緒是合理的嗎？**」若答案是否定的，請各位反思自己是如何被這些負面情緒弄得綁手綁腳的。
- 每天冥想五分鐘。請不帶任何評價，好好觀察自身情緒。早晨是最適合冥想的時段，不過其他時段也可以。

● 當內在自我批判的聲音又出現時，請正面迎戰它。細細審視這些聲音說了什麼，想想這些內在自我批判說得對不對。

● 請承認人生有些情況是你可以改變的，也有些情況是你無法改變的。人難免會對自己無法改變的情況感到無能為力、心情沮喪，但請各位要養成拋開沮喪的習慣。

● 就算不確定結果如何，仍要付諸行動——這能鍛鍊出積極主動的心態！

● 盡量睡得好、吃得好、保持運動習慣。身體的健康狀態會影響我們的心理健康。

請對自己有耐心，做好情緒管理絕非一朝一夕之功。但這裡有個好消息：只要每天持續付諸行動，日後碰到任何難關時，各位便能管理好自身情緒。

練習二

請列出當你碰到不順心的狀況時，最常經歷的負面情緒。這些情緒有可能是憤怒、絕望，又或者你會感到內疚、意興闌珊、尷尬。不管怎樣，請大家把最常經歷的負面情緒一一寫下來。

請大家細細思量自己列的每一項負面情緒，接著請在各項負面情緒旁邊簡短寫下這個情緒如何影響自己的行為。舉例來說，當你感到憤怒時，你可能會遷怒旁人、對旁人亂發脾氣；尷尬的情緒可能會讓你萌生退意，而這樣一來便削弱了你付諸行動的能力。

最後一個步驟：請各位在每一項負面情緒旁邊寫下自己將來會如何應對這些情緒。舉例來說，日後憤怒的情緒又上來時，你可能決定先深呼吸五次；感到尷尬不安時，你可能下定決心要好好檢視心生尷尬的原因，並想想這原因合不合理。

練習所需時間：十五分鐘。

心理韌性與心理復原力

正如先前所述，「心理韌性」（mental toughness）與「復原力」（resilience）這兩個概念往往被混為一談。許多人以為「心理韌性」便等同於「心理復原力」，但其實這兩者之間是有差異的——雖只是細微的差異，但兩者的不同之處可說是相當重要。

大家得費盡千辛萬苦，才能鍛鍊自己的心理素質以及調整面對逆境時的直覺反應。而在這歷經艱辛的過程中，我們得了解「心理韌性」與「心理復原力」兩者的不同。在接下來的文章中，先讓我們細細檢視兩者的特質，好好梳理出兩者究竟有何不同，並探討兩者的差異對心理素質的鍛鍊有何影響。

在細微處著手後，接著讓我們把眼光放遠些。文中會先好好研究一下你我能如何善用各項特點，以因應情境的變化，再來探討我們能如何改變自己對失敗的看法，如此一來便不會一碰到挫折就退縮或嚇得手足無措。

「心理韌性」vs「心理復原力」

容我再重申一次，「心理韌性」與「心理復原力」有細微的差異。由於兩者之間有密切的關連，所以一般人往往不經意將之混為一談也是情有可原。話雖如此，我們仍必須了解為何混用「心理韌性」和「心理復原力」這兩個概念是大錯特錯。任意將這兩個概念混為一談會讓我們看不清兩者的差異，而了解兩者之差異很有意義！

「心理復原力」是指從意料之外的狀況中重振旗鼓的能力。舉個例子來說，假設有一天你一如往常在固定的時間從家裡出發，前往公司上班，但很不幸地在上班途中碰到高速公路大塞車！這樣的插曲肯定讓你無法及時趕上當天早上排定的會議。

具備良好心理復原力的人這時可能會咬牙切齒，低聲咒罵個幾句，但終究有辦法應變這種突發情況。這樣的人可能會善用手機的GPS功能，換走別條路到公司；或是直接打給辦公室，更改會議時間；又或者會先想好一套說詞來解釋自己為何遲到，以避免同儕的責難。

而「心理韌性」是一種**心態**。心理韌性不只反映了你我自突發狀況中重振旗鼓、捲土重來的能力，還展現了我們在挫折中仍抱持的正面想法。心理韌性講的不只是處理挫折和壓力的能力，還包含我們**如何**處理各式難關和挑戰。

舉例來說，擁有強健心理韌性的人若也突然被困在車陣中，這時他可能會趁機聽一本能激勵人心的有聲書。其實心理韌性強大的人這時說不定滿開心的——多虧了塞車，才能讓他**有機會**聽有聲書。

擁有良好心理復原力的人是心不甘情不願地應變突發狀況，而心理韌性強健的人則是能保持隨遇而安的胸襟，靜靜**體驗**各種突發狀況。對具備強大心理韌性的人來說，自然也希望突發狀況是能免則免，但他們也很清楚挫折其實在所難免。既然人生難免有挫折，心理韌性強健的人終究能將每一樣挫折視為必經的挑戰，而非惱人的麻煩。

了解並重視這兩者心態上的不同可說是非常重要。「心理復原力」不僅讓你我能妥善**處理**難關，還讓我們在面對挫折時能抱持強大的堅毅，勇往直前；而「心理韌性」能讓我們學會視挫折為**良機**。心理韌性能讓你我培養出滿滿的信心與沉著冷靜的態度，我們也必須有這份心態，才能把握挫折所帶來的良機。

災難性思考如何破壞我們的適應能力？

人很容易落入災難性思考的習慣。若尚未做好心理準備來面對每天都在上演的各種難關與挑戰，我們會漸漸習於誇大挫折的嚴重性。無論實際上的影響和嚴重性為何，我們會漸漸將每個挫折的後果都想成大災難。

舉例來說，假設現在你要搭飛機去拜訪朋友。搭上飛機後，你覺得自己一定能在預定時間抵達目的地。但航程中突然傳來機長的廣播——由於惡劣天氣的影響，飛機得繞路飛行——而這樣一定會大大延誤自己原先預定抵達目的地的時間。

碰上這意料之外的延誤，缺乏心理韌性的人可能會感到驚慌失措。他的腦中可能已直覺浮現出一幅幅恐怖畫面：聯絡不上說好要在目的地接他的朋友，或是飛機終於降落後人又被困在停機坪好幾個小時，又或者是晚了原定時間好幾個小時、終於到達朋友家後，那晚的睡眠品質肯定差到爆。

這人已深陷在災難性思考的泥淖中。

想要鍛鍊出強大的心理韌性，就得避免自己落入災難性思考的圈套中。當我們腦中又浮現出一齣齣慘烈無比的內心小劇場時，我們得學會立刻將自己的思緒「拉回來」。否則很容易受到災難性思考的蠱惑，落入其陷阱中，自此整日深陷在一堆不合理且憑空想像出來的可怕後果中。災難性思維會大大削弱我們從失敗中重振旗鼓的能力，也讓我們無法抱持正面的心態，難以憑藉足夠的信心堅定地採取行動闖過難關。

改變自己對失敗的看法

沒有人期待失敗，畢竟失敗代表你我不是錯誤期待就是能力不足，有時甚至兩者兼具。光想到這裡，就有夠令人厭惡了。

但其實我們可以決定自己要如何看待「失敗」。大多數的人往往被失敗搞得灰心喪志，覺得失敗就是種對自己的羞辱。所以他們千方百計遮掩失敗，以免被人發覺。為了避免遭人責難，他們會精心想好一套解釋自己為何失敗的說詞，有些人甚至會推卸責任，試圖讓旁人來揹黑鍋。

上述對失敗的反應皆源自於「自我」（ego）。因為認為「失敗」就等於暗示個人表現**不符**自我期待，所以我們拼命想為失敗找藉口，但這些藉口往往不盡真實。我們急著想掩蓋自己能力略嫌不足的事實，而為失敗找藉口不過就是直覺地合理化自己的行為罷了。

若想要成為一個心理韌性強大的人，我們必須改變自己對「失敗」的看法。與其一味害怕失敗，拼命遮掩自己的失敗或是推卸責任，我們應該勇敢接受它。失敗的經驗當然不好受，但我們可以訓練自己以平常心接受成敗。

失敗與成功不過都是你我決策與行動後的「結果」罷了。勿將成敗視為「好壞」，而是應該體認到成與敗都只是**結果**而已。如此一來，便更能了解各式決策與行動和成果之間的關聯性。改變對失敗的看法，讓我們有機會調整自己的期待，以及察覺出自己在技術和決策上有哪些不足之處，日後更能從失敗中站起來，再創佳績。

學會不將失敗與「壞」畫上等號，以及透過採取積極行動來面對失敗，會讓我們對自己的能力更添信心。隨著自信與日俱增，我們愈來愈不會害怕突如其來的挑戰。無論碰到何種挑戰或重挫，充滿自信的人深信自己定能兵來將擋，水來土掩。這份信念讓我們不只是擁有良好的「心理復原力」，更能進一步鍛鍊出強健的心理韌性，勇於迎戰人生各種不可免的挫折。

練習三

請各位寫下最近碰到的五個挫折。挫折無分大小，不論是影響深遠的重挫，還是一時的小小磨難，都請各位列下來。也請寫下所有與這些挫折相關的細節。

接著請各位詳述自己在每個挫折的當下有怎樣的反應。是一味地責難自己嗎？還是很氣自己的表現不佳或決策失誤？

最後，請各位寫出自己在當下其實能如何用較正面的心態來面對挫折。舉例來說，假設你無法準時呈交一份重要的報告給主管，正面的態度便是承認自己應負延誤交期的責任，重新檢視自己的工作量，並找出更好的時間管理方法。請以同樣的步驟來檢視最近碰到的五個挫折。

完成這項練習後，各位會發現一件事：只要一點一滴、根本地改變自己對失敗的反應，便能大大增強自信，改善日後的成果。這項練習還能帶給我們一個啟示：「失敗」只是事情的結果而已，而非憑此便斷定你我的表現能力不佳。

練習所需時間：十五分鐘。

逆境中展現的心理韌性

磨難與挫折本就是人生的一部分。大家一定有經歷過那種諸事不順，不順到好像全世界都在跟自己作對的日子。那實在很不公平，超讓人不爽，而且幾乎都是些意想不到的鳥事！每一段艱困的日子都在考驗各位的心理準備度、情緒復原力、衝動控制以及壓力下的姿態。

每個人都曾身處人生的低谷，而往後的日子自然也少不了種種挑戰。人生本就難免低潮。但給大家一個好消息：逆境能讓我們變得更強大。逆境會強化我們的心理復原力，猶如煉鋼時的高溫可強化合金。若欲透過滿是艱辛的逆境鍛鍊出強大的心理韌性，我們必須敞開心胸，以自信、勇氣與沉著的態度來迎接逆境的挑戰。

這與意志力無關。意志力很有限，人在面臨低潮時，意志力會耗損得很快，故無法單靠意志力挺過難關。想要衝破逆境，實與**性格**有關。想要鍛鍊出強大的心理韌性，必得時時誠實面對自己，清楚自己的志向與信念為何，以及願意以正面的心態面對眼前的難關。

芬蘭的「Sisu」概念

「Sisu」是芬蘭詞彙，指的是芬蘭人在面對逆境時的獨特態度。我們無法在英語裡找到完全等於「Sisu」的字彙，不過「Sisu」一詞大致上可指「面對逆境時展現出不屈不撓的勇氣」。

在芬蘭，有個可歌可泣的故事恰可完美體現「Sisu」這了不起的精神。一九三九年年底，蘇聯軍隊意欲進犯芬蘭。在此之前，蘇聯與芬蘭數度談判皆以失敗告終，戰爭一觸即發。

當時所有人都不看好芬蘭能在這場戰爭中撐多久。蘇聯與芬蘭的軍力懸殊到令人咋舌的程度——據稱，蘇聯當時派出的兵力人數是芬蘭軍隊的三倍，且芬軍當時僅有三十二輛坦克，而蘇聯軍隊則手握數千臺戰車；更慘的是，芬蘭僅有一百一十四架飛機，蘇聯則有將近四千架。「形勢不利」一詞還不足以形容芬蘭當時所處的劣勢。兩方軍力懸殊到當時的蘇聯高層——包括尼基塔・赫魯雪夫（Nikita Khrushchev）——都在沾沾自喜，認為蘇軍只要開一槍，芬蘭人就會被迫投降。

後來的歷史證明了上述的言論根本大錯特錯：芬蘭人在壓倒性的劣勢下仍堅守家園。儘管武器過時，資源也極其有限（彈藥、燃料等），芬蘭人已抱著必死的決心打一場慘烈的硬仗。芬軍在這場戰爭中展現的堅定與勇氣正是芬蘭「Sisu」精神的寫照。面對近乎必敗的局勢、必死的結局，芬蘭軍人仍堅守崗位頑強抵抗，拒絕投降。

「冬季戰爭」（Winter War）的局勢發展完全出乎蘇聯所料。為期三個月的戰爭中，芬蘭的傷亡人數高達七萬人，而蘇軍的傷亡人數竟高達四十萬人。冬季戰爭最終結果是芬蘭政府被迫接受蘇聯開出的條件，簽署和平協定。當時的芬蘭已近乎彈盡糧絕，七萬的傷亡人數對芬蘭這個小國的軍隊來說是巨大的損傷。

芬蘭雖以失敗告終，但芬蘭人在這場戰爭中展現出的頑強心理韌性大大震懾了世人。英國首相邱吉爾（Winston Churchill）在一九四〇年的廣播中對倫敦喊話道：「大敵當前時，唯有強大——不，不只是強大，而是偉大——的芬蘭向世人展現了自由之人那超凡的能耐。芬蘭軍民向世人展現了他們超凡的精神。」

面對逆境時，如何心懷「Sisu」精神？

雖說大部分的人不需要像冬季戰爭中的芬蘭士兵一般，面對那麼棘手的挑戰，棘手到得展現出那般無與倫比的堅毅和勇氣，我們仍可從這段歷史學到如何面對人生的挑戰。人生難免有挫折，我們能以當時芬軍的精神來面對挫折。接受人生給我們的每一個挑戰，並請各位蓄勢待發、面對來日一個又一個難關，全神貫注一一克服。就算處於劣勢，也要一直保持勇氣和正面心態。

以下方法能幫助各位在面對逆境時，仍保有堅忍不拔的「Sisu」精神。

第一，千萬別被當下的境況嚇得不知所措。我知道這說來容易，但做起來很難。有些狀況——如被診斷出得癌症——真的晴天霹靂到很難不在得知的當下被嚇到手足無措。但若各位能在心力交瘁時，試著穩住自己的心神，便更能好好解決眼前的阻礙。

第二，一定要採取行動。行動前，得先全盤了解自己的狀況，才能決定如何應戰；而要了解狀況，必得審慎思量。不論反覆思量幾回，最後仍得採取行動。縱然世事難料，自己的行動和決策也不知奏不奏效，我們都得鍛煉出積極行動的心態。積極的行動能培養出勇氣，讓你我在面對挑戰時不會被自身弱點絆住，嚇得裹足不前。

第三，每天都要鍛鍊自己的情緒復原力，畢竟我們每天都會碰到一些小小的不順。其實這些小小的不順都不會對你我人生有多大的影響。舉例來說，這些不順可能是你興高采烈地到附近某家星巴克後，才發現當天你想點的飲料沒了；或是在前往機場的路上竟碰上大塞車，被塞在車陣中動彈不得；或是逛街時弄丟皮夾。面對這些挑戰時，我們的反應——不論是正面還是負面——

都是在鍛鍊自己的心性。若能在每次碰到困難時，都練習鍛鍊一下自己的情緒復原力，便能增強我們的決心與毅力。

第四，防患於未然。未雨綢繆不僅能讓我們有機會預先準備，更能在碰到問題時相信自己深具克服挑戰的能力。想像一下自己是一九三九年的芬蘭士兵：戰爭一觸即發，氣候又極其惡劣（零下四十度），手邊資源有限，兵力更是遠遜於敵方。藉由事先預想好之後可能碰到的困難以及隨之而來的劣勢，讓我們能有明確的目標，採取積極的行動來提高自己的勝率。

總結

想培養出「Sisu」心態，不代表就此忽略自己的弱點，也不代表當我們的勝率微乎其微時，仍得虛張聲勢。「Sisu」的概念反而是要各位充分了解自己當下的形勢，好好評估各種選項並下定決心採取行動，以達成心中設定的目標。「Sisu」精神是要各位坦然接受情勢對自己不利的事實，並在逆境中不畏風雨，勇往直前。

練習四

請各位**寫下**當碰到意外的挑戰時，自己通常會如何反應。是一味深陷在自憐的泥淖中，久久不能自拔（內心小劇場如「**為什麼總是我碰到這種鳥事？**」）嗎？或是內心自我批判的聲音又在勸自己放棄了？還是覺得自己必須被迫避開或忽略眼下的難題？你會因為對未來的不確定和對失敗的恐懼，而遲遲不敢採取行動嗎？還是當場感到心灰意冷、憤憤不平，大嘆人生真不公平？或是馬上捲起袖子，做好心理準備，迎向眼前種種的挑戰？

這項練習能幫助各位了解自己目前面對逆境的心態。請記住，無論各位**今天**面對挫折與阻礙有怎樣的反應，都沒什麼好羞赧的。畢竟這本養成手冊的目標是要讓各位在面對逆境時，能逐漸**改變**自己的反應與行為。正如先前所述，這是條漫長的道路。這項練習的目標只是在幫助各位清楚了解自己當下的心態。

練習所需時間：十分鐘。

心理韌性與延遲享樂的重要性

研究指出，若能時時練習增強自制力，我們將更有機會取得成功。如果我們能養成延遲享樂的習慣，便能大大提高成功的機會。

「成功」二字的定義其實滿模糊的，因為每個人對成功的定義都不太一樣。有些人認為成功就是領高薪、賺大錢，而有些人覺得做個慷慨大方、舉止優雅又謙沖自牧的人才是成功；還有些人是以人際關係好壞來定義成功二字。既然大家對成功的看法不盡相同，我們就將成功定義為「達到自己想要的目標」吧！

先讓我來好好闡述一下何謂「延遲享樂」（delay gratification）：「延遲享樂」是指為了達成**將來的**遠大目標，而決定抵抗**當下的**誘惑。

假設你的目標是瘦五磅。有一天，你經過了一家披薩店，看著看著就情不自禁想買一片披薩來嚐嚐。你很喜歡吃披薩，現場買了以後就可以馬上開吃！這時你得做個抉擇：買下披薩，滿足自己當下的口腹之欲；或是抵抗誘惑，**決定**跟披薩揮揮手告別，以達成自己的目標（瘦五磅）。

請各位留意這是個**決定**，且決定權操之在各位的手上。這代表「自制力的展現」是項可經過學習，進而熟能生巧的技能。如下所述，培養心理韌性的首要之務便是控制自己的衝動。

衝動控制的養成如何增強你我的心理韌性？

面對挫折時，想要克服重重挑戰、達到自己的目標，須得有足夠的耐心。遭逢不幸時，耐心能讓我們熬過層層難關與風霜，頂著隨之而來的情緒壓力和心理壓力。耐心能讓你我更有決心也更堅定，並能激勵我們在情勢不利時繼續堅持下去。

在練習自我控制力的過程中，我們也學會了忍受不舒服。在這個過程中，我們會訓練自己忍受當下的不適，以期來日完成更遠大的目標。透過這樣的練習，我們會不斷告訴自己：其實不需要滿足當下的欲望。我們可以抵抗當下的誘惑。

自我控制力的練習能提升我們的認知復原力（cognitive resilience）。習慣延遲享樂後，我們會鍛鍊出對不舒服的忍耐力，漸漸習慣成自然。面對眼前的欲望時，忍耐力能幫助你我抵抗誘惑，不受欲望所惑。

舉個例子，假設你現在得一邊做全職工作，一邊上線上課程。有一天，你結束了繁忙又冗長的工作，終於回到家了。但很慘的是，你還要完成三份明天就得交出的功課！如果你是個習於滿足當下欲望的人，這時的你想來也無法抵抗癱在沙發上追劇的誘惑。不過如果你曾訓練自己忍受當下的不舒服，你會發現自己更能放下誘惑，轉而去寫作業。

延遲享樂也能讓大家對那些讓人分心的事物視若無睹。請各位想想最近你必須在什麼時候全神貫注在一件重要的事情上。舉例來說，你可能得完成一份工作報告，或是得做完一連串的家務。無論是做什麼，我相信各位當時一定有其他更想做的活動。「好想就那麼沉浸在自己喜歡的活動裡」，這樣的誘惑會讓你我分心，分散了專注力。透過時時練習自我控制，我們能培養出抵抗誘惑的能力，也能激勵自己堅定目標。面對眼前意想不到的阻礙時，自制力是項關鍵的技能。

控制當下想要及時行樂的衝動，能讓我們對努力與收穫的關係有更深的體悟。如果一味放縱自己及時行樂，我們的大腦會漸漸習慣只要付出少少的努力，就可以有大大的收穫。如此一來，你我的期望便被制約了。我們會愈來愈傾向臣服於當下的誘惑，及時行樂，不太願意為了達成更長遠的目標而忍受不舒服。

舉例來說，我們可能會習慣選擇吃不健康的速食，畢竟速食取得容易，方便又美味。少少的付出就有大大的回報。但很不幸的是，這樣的習慣會嚴重危害我們想要減重，加強心血管健康和增加肌肉量的計畫。

當我們不斷重複延遲享樂的行為，大腦會逐漸建構出自制力、努力與收穫的關聯。我們開始體認到必得付出努力，並在努力的過程中控制自己的衝動，才能達到達到自己想要的目標。以剛才吃速食的例子來說，我們得抵抗披薩、奶昔和高脂肪的漢堡那聲聲魅惑的呼喚，改在家煮些更健康的食物。

控制自己的衝動絕不是件容易的事。其實大部分的人一直都習慣聽從自己的衝動，任憑欲望主宰自己，一時之間就要練習培養自制力，且練習時難免跌跌撞撞，可能會讓大家因此感到沮喪。但學會延遲享樂對心理韌性的鍛鍊至關重要，延遲享樂絕對是個值得培養的好習慣。以下是五個對我來說能將練習過程中的痛苦減到最少的祕訣。

快速習慣「延遲享樂」的五大祕訣

先叮嚀一下大家：這些祕訣對你們來說不見得都很管用。雖然這些祕訣對我來說很有用，但畢竟每個人都不一樣。不過我還是鼓勵各位先試試看這些技巧，再評估一下這些方法對自己究竟效果如何。只要有一到兩個方法能幫到各位，對我和對你們來說都是一大樂事！

祕訣一　釐清自己的價值觀

當各位體認到哪些事情對自己來說是很重要的，在內心一堆想做的事情當中排出優先順序便容易多了。這樣不僅能簡化自己的決策過程，還能在遠大的目標與轉瞬即逝的快感中衡量出前者的重要。

祕訣二　了解自己究竟為何想要達到這個（或這些）目標

想要達到目標，擁有強烈的動機是一大關鍵。動機夠強才能驅使自己動起來。為每個目標好好想出一個強烈的動機吧！

舉例來說，假設你想要瘦十磅，而這**動機**可能是想要讓自己感覺起來和看起來更健康。擁有強烈的動機才能幫助各位抵擋垃圾食物的誘惑；區區「瘦十磅」這個目標還不足以辦到。

祕訣三

制定一套行動計畫

請善用自己的價值觀和動機，想出一套能幫助自己放下眼前誘惑的計畫。舉例來說，假設你常常把賺來的每一分辛苦錢都花在自己其實不太需要的物品上（如新衣服、新手機等）；這時你需要制定一個儲蓄計畫，讓固定一筆金額直接存入自己的戶頭。

祕訣四

面臨難以抵擋的誘惑時，請找出一套能有效替代該誘惑的方法

有些誘惑就是特別難以抗拒，光憑意志力是絕對不夠的。若想要抵抗這些格外誘人的誘惑，請各位想出另一種「獎勵」——最好要有效——來替代這些誘惑。

舉例來說，你可能實在擋不了披薩的誘惑。攝取垃圾食物會讓大腦產生多巴胺，並進一步刺激腦中的酬償中樞（reward center）——垃圾食物之所以容易令人上癮，原因就在於此。而能有效替代垃圾食物的「獎勵」便是體能活動。體能活動能刺激大腦分泌多巴胺與腦內啡！雖然吃垃

圾食物可能還是比做體能活動好玩，但體能活動有益身體健康，是個良好的替代方法！

祕訣五
成功抵抗誘惑後，記得給自己一點獎勵

各位的目標不是要完全戒掉所有樂子——若真如此，這樣的人生過得也太辛苦了。我是希望各位能認真**養成延遲享樂的習慣**。

養成好習慣的最好方法，是一點一滴慢慢累積而成。每成功踏出去一小步，都值得給自己一個小小的獎勵；行為後的獎勵能促使大腦願意重複做方才的行為，繼而養成好習慣。

舉例來說，假設現在你想要執行一套每日運動計畫：第一天可以先從運動三分鐘做起，而不是強迫自己第一天就要運動三十分鐘。成功做到運動三分鐘後，再給自己十分鐘的休閒閱讀時間，當作小小的獎勵。請各位持續運動，每日逐步增加運動時間，成功做到後別忘了獎勵自己！

我之前便是用以上這些方式來訓練自己養成「延遲享樂」的習慣。習慣延遲享樂後，我更能心無旁騖地追求自己的目標。每當碰到挫折與困難時，上述這些祕訣能大大幫助我堅定自己的決

心，一心朝目標前進。請各位也試試這些祕訣吧！說不定對你們來說也很管用。

練習五

請各位描述（**務必用寫的**）最近一次你因受不住誘惑，進而拖延或是沒做到本該完成的事。接著請各位形容一下當你決定屈從於誘惑的召喚、滿足一時之欲後，你有什麼感覺？是心中升起一股罪惡感嗎？還是感到悔恨不已？會因自己沒抵抗住誘惑，憤而懲罰自己嗎？

接下來，請各位描述最近一次你成功**抵擋**誘惑，堅定地完成一項重要任務的經驗。請形容一下**這次**的決定讓你有什麼感覺？是很滿意自己的決心嗎？還是覺得自己拿回了人生的主控權？

這項練習的目的是想凸顯「延遲享樂」習慣的養成可以替自己帶來好心情。為了達成更遠大的目標，我們努力培養「延遲享樂」的習慣。透過這項練習，你會更了解學會控制自己的衝動，能帶來我們更看重的收穫。

練習所需時間：十五分鐘。

心理韌性與我們的習慣

面臨人生的困難與挑戰時，習慣能支撐著你我度過重重難關。當計畫趕不上人生的變化，和遭逢意想不到的挫折時，我們平時所養成的習慣能幫助自己保持專注。當我們身處逆境、面臨壓力的挑戰時，這些習慣會影響我們的行為，並可激勵你我近乎是不假思索地往前行。一旦養成一些好習慣，我們的決定與行為會更一致，不輕易受自身衝動左右。

好習慣維持愈久，愈能刻在你我的腦海裡，你也會對這些習慣愈來愈有信心。真正的挑戰在於如何培養出好習慣，以及如何維持它。

本章將先探討好習慣與壞習慣究竟是如何影響你我的心理韌性，接著各位將學會如何培養並維持好習慣。這套好習慣的養成做法簡單易學，而且最重要的是——**它很管用**。文章最後將會帶領各位一同探究五個日常生活習慣，這五個習慣對心理韌性的養成與維持來說都非常重要。

習慣是心理韌性的關鍵

說到「習慣」二字時，我們往往會將習慣與行動連在一起——習慣似乎就是我們在**做**的事。但其實「習慣」所隱含的意義遠不只如此。

我們的習慣會透露出你我重視的為何，並且反映彼此的價值觀與優先順序。如果我們有良好的飲食習慣，且平時規律運動，這代表我們很重視自身的健康。若我們每天早上都會騰出時間冥想，這代表我們企求以平靜與放鬆的心態展開每一天。但反過來說，若我們老愛吃垃圾食物，又不想運動，還一天到晚在網路上和網友討論政治議題，互相罵來罵去，這些習慣也會透露出自己的價值觀與優先順序為何。

「堅持不懈」也是種習慣，就像睡前習慣刷牙般，是再自然不過的事。在一些難以避免的情境下，「堅持」便是你我訓練自己做事要有始有終的行為反應。堅持就像習慣一樣，需要一些誘因激勵你我採取行動。好消息是，我們可以創造誘因幫助自己培養堅持不懈的心態。

培養好習慣、讓自己的行為與習慣更一致，這對鍛鍊心理韌性來說至關重要。習慣的養成可以讓我們不再需要仰賴變幻莫測又轉瞬即逝的意志力、動機和驅力。只要靠著我們刻意養成的習慣與模式，便可驅動你我的行為反應來應對壓力的挑戰。

想要「習慣成自然」、培養出好習慣，就讓我們來探討一個能增強心理復原力和情緒復原力的簡單方法吧。

好習慣速成祕訣（不但要速成，還要維持唷！）

「禪習慣」（ZenHabits.net）創辦人李奧．巴伯塔（Leo Babauta）曾講過該如何養成一個全新的好習慣：「『讓這件事容易到你根本無法說『不』！』」這一席簡單的話裡，蘊含著大大的學問。這句話著實點出了養成新習慣所需的一項重要原則：養成好習慣，先自小處著手。

假設你現在想要養成每天運動的習慣。一開始你可能會興致勃勃，巴不得第一天就運動個四十五分鐘。千萬別這麼做！先從小處著手，第一天運動五分鐘就好了。

這第一步對培養好習慣，加強自己的毅力與決心來說非常重要。舉例來說，想像一下自己被工作壓得喘不口氣，整個人筋疲力盡，難以專注在工作上。但你又想要培養堅持的好習慣。這時你該做的絕不是馬上捲起袖子，泡在工作裡埋頭苦幹個好幾個小時都不間斷；而應先從認真專注在工作上五分鐘開始做起。讓這個行為容易到你根本無法說「不」！

下一步則請各位**循序漸進**，慢慢離目標更進一步。想要養成新的好習慣，無須急急忙忙、三步併作兩步。養成好習慣不是在比賽。其實過於躁進反而會欲速則不達，甚至可能造成反效果。對許多人來說，急於求進注定以失敗收場。

請各位一小步，一小步慢慢前進。回到我們剛才的例子，千萬不要一下就從專注工作五分鐘瞬間延長為四十五分鐘。應是在專注工作五分鐘後，加一個短暫的休息時間（大概休息六十秒），六十秒過後，請繼續專注工作五分鐘。接著請再重複一遍這樣的模式。當各位能成功重複數次以工作五分鐘為單位的模式後，便可以將專注工作的時間拉長為十分鐘，並將每次工作之間的休息時間拉長為兩分鐘。確定自己能全神貫注工作十分鐘後，再將每個工作單位拉長為十五分鐘，休息時間則改為三分鐘。

按照這樣的流程建立起好習慣後，各位最後得把工作時間單位分配成合理的分量。舉例來說，假設你已大大改善了自己的專注力，可以心無旁騖地埋首於工作連續好幾個小時。果然是成效斐然呀！不過這不代表各位**必須**埋首於工作連續好幾個小時。以工作這個例子來說，若能將時間單位縮短一些，會對大家比較好。比方說工作個四十五分鐘後，給自己十分鐘的休息時間。請把上述模式重複四回，接著再多給自己三十分鐘的休息時間。按照這樣的工作模式，可以幫助各位維持續航力，並透過給予大腦固定間隔時間充充電，減少專注力的耗損。

培養新習慣的最後一個步驟：安排一些「提示」來製造出自己想要的反應。這做起來很簡單，關鍵在於「始終如一」。

舉例來說，假設你要訓練自己在稍作休息後，仍會打起精神回到工作崗位。但問題是你比較想拋開工作，繼續在Netflix上追自己最喜歡的劇。請各位試試這個方法：挑一首輕快的短歌，每次休息時間結束前就聽這首歌。當歌一放完，就開始繼續工作。如此一來能讓大腦將這首歌與歌曲結束後的行動產生連結（以這個例子來說，接下來的行動便是回去繼續工作）。下次當各位一聽到這首歌時，便會不由自主地回去繼續工作。

各位對這些「提示」有主控權，你可以安排自己想要的「提示」。這代表無論何時，只要你下定決心要培養新習慣，**你**就是自己的主宰。

就算這套習慣養成模式很簡單，我們也免不了有凸槌的時候。其實大家一定時不時就會出錯！請各位不用擔心，這在養成習慣的過程中是很自然的。務必原諒自己，繼續前進。

既然大家已掌握了一套培養新習慣的好方法，就讓我們一起來探索有哪五種習慣能增強心理韌性。

五種能改善心理素質的好習慣

想要成功培養好習慣絕非易事，得有賴數種特質的配合，而每種特質都與「心理韌性」息息相關。其實大部分的特質我們稍早就探討過了，如恆毅力、毅力、決心、正面心態。這些特質還包含了自律、堅持以及願意延遲享樂。

以下列出的各種習慣與上述特質息息相關。這些習慣不僅能加強恆毅力等特質，有時在剛開始培養這些特質時，以下五種習慣更是扮演了非常重要的角色。培養這五種好習慣，可幫助各位更能勇敢面對接踵而來的各式挑戰。

習慣一
將過去的不愉快，視為訓練自己克服未來的逆境與挑戰的機會

我們習慣用「過去」定義自己，總任由從前發生的一些事和我們當下的反應來定義自己。我們的價值觀與信念往往和從前發生的事息息相關，彼此的連結可說是剪不斷，理還亂。

請斬斷這個連結！務必調整自己看待「過去」的心態：過去的不愉快，不過是訓練你我更懂

得面對未來罷了。事情已經發生，當時也做出了回應。也許你那時犯了錯，但現在你可以從錯誤中汲取教訓。從前種種猶如一場場的訓練，指引你我可以更清楚地意識到未來該如何做出更好的回應。

習慣二

當負面情緒湧現時，趕快好好審視這些負面情緒

如前文所述，不論是哪種負面情緒，負面情緒本身絕不是百害而無一利的。研究顯示，負面情緒其實也能促進心理健康與心理幸福感！這麼說，著實值得你我好好接納自己的負面情緒。

話雖如此，負面情緒仍能輕易剝奪你我做出理智決定、採取實際行動的能力。我們會很快地被負面情緒吞噬。既然如此，也該好好檢視自己是否不知不覺把憤怒、羞愧、悲傷、恐慌和罪惡感這些負面情緒過度放大了。

千萬別老想壓抑自己的負面情緒。務必要培養一個習慣：當負面情緒有萌芽的跡象時，記得認真審視它們。

習慣三

建立自信心

想要養成強大的心理韌性，自信心絕對必要。畢竟唯有相信自己的能力，才能在逆境中勇往直前，克服對未知的恐懼。

商業鉅子亨利．福特（Henry Ford）曾說道：「不論你認為自己做不做得到，你都是對的。」福特並未忽略天分與技術的重要性，但這句話更強調了與天分和技術同等重要的特質——那就是「信心」。福特已意識到「自我肯定」這個特質是邁向成功的一大關鍵。缺乏自信與自我肯定很容易招致失敗。

習慣四

練習感恩

當事情的發展不如己意時，一般人往往忍不住抱怨連連。但我們務必得認清兩件重要的事實：第一，碰到棘手的問題時，一味地抱怨和發牢騷根本無濟於事；第二，抱怨更易生出一大堆負面情緒，進而讓人陷入絕望與失望之泥淖中。

想要勇於面對逆境，關鍵就在保持正面的心態。請各位每天早上花點時間，想想自己有哪些稱心如意的事；再請各位每天下午想想自己所擁有的、需要感恩的事；每晚就寢前，想想一整天下來有哪些值得慶賀的小小突破或成就。每天都要練習感恩。

習慣五 培養對「變化」的容忍力

想要擁有強健的心理韌性，必須具備良好的適應環境能力。當事態發展不如己意時，必得因應新的變化，才能採取實際行動。

大多數的人都害怕改變。我們喜歡可預測性，因為凡事只要可預測，便能降低不確定性。你我對不確定性的恐懼是採取實際行動的一大阻礙。

想要培養對「變化」的容忍力，就得離開自己的舒適圈，而離開舒適圈意味著我們要在生活中積極尋求改變。走出舒適圈能讓我們在面對瞬息萬變的狀況時不易大驚小怪，並提升自己對「變化」的容忍力。對改變的容忍力提高後，各位的恐懼自然會漸漸消退。

在養成好習慣的路上，各位**最好**能按照自己的步伐往前邁進。容我再說一次，最好的習慣養成方式便是先從小處著手，邁出每個小步伐，慢慢累積成果。但究竟何謂「小」，何謂「慢」，對每個人來說都大不相同。請各位設計一套符合自己目前行程、時間、專注力與精力的習慣養成計畫。

練習六

請寫下三個你想要培養的好習慣，並在每個習慣旁邊列出三件你**今天可以開始做**的事，以培養想要的好習慣。

舉例來說，假設你想要提升自信。首先，你可能得每天努力和五個陌生人打招呼；第二步，或許在內心自我批判的聲音愈來愈強時，你會下定決心好好審視那些負面的自我對話；第三步，你可能決定要學會對他人說不，並轉而專注在自己的計畫和責任上。

練習所需時間：十五分鐘。

天賦、能力與信心對心理韌性的影響

在前篇章節中，我們簡短地提到自信心在培養心理韌性過程中所扮演的關鍵角色。不過前篇的背景僅局限在習慣的養成上，本篇則會更深入探討「自信心」這個議題。「自信心」對個人在壓力下的心理素質、決心和心理復原力有極其深遠的影響，故有必要就此議題更全面地討論。

本篇一開始會先檢視「信心」的由來：「信心」究竟從何而來？有哪些因素會提升信心？又有哪些因素會削弱信心？這些問題的答案恐怕會讓各位大吃一驚！

接下來的篇幅將探討為何定期關照自己的信心水準（confidence levels）是非常重要的一件事。有時候我們得重新調整衡量基準，才能精確反映出自己的能力與知識到達什麼程度。

文末將列出建立自信心的五大構成要素。請各位放心，這絕不是囉唆的長篇大論！若各位能把這五大構成要素實踐於生活中，將能迅速提升自信心。有了強大的自信心後，當各位在面對不確定和不利的情況時，會對自己的能力更有信心，深信自己定能克服一切挑戰。

信心源於能力

信心指的是相信自己能戰勝一切艱困、令人難受的挑戰。這份「相信自己」的信念，部分是源自於我們所具備的各種能力——包含知識、天賦與我們擅長的領域。面對各種情況時，若覺得自己已準備就緒，自然會感到信心滿滿、胸有成竹。

舉例來說，假設今天你要親自下廚，為一個朋友準備晚餐；若你本就是個主廚，數年來不斷精進自己的廚藝，你自然能氣定神閒地準備；但若那天是你有史以來第一次進廚房，下廚時自然會感到有些慌張。

其實光有天賦與專長還不夠，信心也源自於我們的適應能力。在必要時刻，我們須懂得適時變通。

假設在為朋友準備晚餐的過程中，你突然發現少了某樣重要的食材！若你是個經驗老道的大廚，便能藉由另尋合適的替代食材來應對這樣的突發狀況。這種變通的能力便是信心的泉源。擁有良好的變通與適應能力，你會更相信自己，堅信自己有能力處理各式意料之外的狀況，解決突如其來的難題。

將對自我的「信心水準」評價，建立在實際擁有的能力上

有時候，我們對自我的「信心水準」往往和實際擁有的能力、知識，以及面對瞬息萬變的情況所展現的適應能力有所落差。當有這樣的狀況出現時，我們得重新評估自己實際擁有的能力，避免產生自信心爆棚或是自信心低落的現象。

若我們自信心爆棚，可能會擅自冒過多的風險、不顧他人勸誡，甚至忽略了自己的弱點。當我們抱持著過度自信的心態面對生活的挫折與挑戰，就算具備再多的勇氣，恐怕也會措手不及。

但若我們自信心**過於低落**，可能會千方百計避開風險，任憑他人的意見掌控自己的意志，或是認為自己的弱點終將招致失敗。若是抱持**這種**心態度日，將來面臨挫折與挑戰時，我們只能優柔寡斷，不知該如何應對。

當自己認定的「信心水準」和現實情況有落差時，實在很難成為一個心理韌性強大的人。驕矜自大和妄自菲薄都會破壞我們的認知復原力與決心。擁有驕矜自大的特質也許能在短期內讓自己堅持下去，但必然走不長遠；若老是妄自菲薄，無端端對自我感到懷疑，一旦遭受挫折可能就會手足無措，且害怕自己一定會失敗。

既然與現實有所落差的「信心水準」會帶來上述的隱憂，定期的自我檢視便非常重要。請問問自己以下這些問題：

- 「我對自己的『信心水準』和實際狀況相符嗎？」
- 「我會如何面對別人的批評？」
- 「面對他人的質疑與挑戰時，我會不會想要馬上認輸？」
- 「當心中有些想法時，我會迫不及待和他人分享，還是不太願意說給別人聽？」
- 「碰到挫折時，我會不自覺地感到恐懼和緊張嗎？還是我仍對自己充滿信心？為什麼？」

藉由上述的自我評估，能幫助各位迅速釐清有沒有需要重新調整自己的「信心水準」。在自我評估的過程中，也許各位會發現自己有某些方面需要特別留心——舉個例子來說，自己是否能以合適且理性的態度來應對旁人的批評。

建立自信心的五大核心要素

「改善自信心」這一議題龐大到足以寫成專書討論了，但目前可以先著重在幾個能用最小的努力，達到提升「信心水準」的核心方法，這些方法大多與我們的心態息息相關。若能汲取這些方法，應用在日常生活中，將會對我們的自信心帶來莫大的正面影響。

要素一

願意離開自己的舒適圈

離開舒適圈會將我們自己帶到不熟悉的環境。能夠做出這樣的決定，也意味著舒適圈以外的環境其實也沒那麼恐怖——不熟悉的環境反而能在專業上和生活上給我們成長的機會。離開熟悉的舒適圈，讓我們有機會擺脫想要凡事都掌握在自己手中的心態，也能學會適應新環境。

要素二

勇於經歷負面情緒所帶來的不適感

想要建立自信心，不僅必須懂得覺察自己各式情緒，還得學會承受這些情緒。承受這些情緒的方法無他，只能親身經歷一次次不適感所伴隨而來的負面情緒。

許多人往往會刻意壓抑自己內心的痛苦。但其實我們應該勇於感受自己的痛苦，這樣才能幫助我們建立起抵擋「痛苦」的防禦工事。學會抵擋能讓我們更了解自己的負面情緒，而不是負面情緒一來就被嚇得不知所措。

要素三

保持自我檢視的習慣

定期自我檢視是一件很有意義的事。前文曾談到藉由自我檢視的方式，調整自己的「信心水準」與現實狀況的落差；而在這裡我們要談的範圍又更廣了。

定期靜下心來，好好省思自己一路以來的成長是一件非常重要的事。想想自己學到的新技能。回想一下自己一路走來碰到了哪些千奇百怪的狀況，以及自己又是怎麼處理這些狀況的。再仔細想想自己最近碰到的人、最近和陌生人聊天的內容，以及完成了哪些自己從前不熟悉的事。

我們其實一直都以某種方式在成長——離開舒適圈後更是如此（請參見上述**一：願意離開自己的舒適圈**）。但我們往往看不出自己的成長，因為成長是日積月累而成的。

要素四

迎向正面思考

想要保持正面的心態，就得停止負面的自我對話。請多肯定自己的優點，為自己的成功喝采，也請把自己的弱點和疏失看成一次次學習與成長的機會。

但很可惜的是，許多人往往囿於昔日所經歷的挫折與跌跤，變得對自己感到悲觀。這樣的心態不僅會殘害你我的信心，還會阻礙我們的成長。不過這裡有個好消息：我們可以重新調整思維模式，迎向樂觀與正向思考。如此一來可讓我們學會對自己深具信心，肯定自己有能力克服一切逆境。

要素五

別再一味渴求外界的肯定

一味尋求他人的肯定只會傷害自己的自信心。總渴望他人肯定自己，會漸漸對自己的動機和能力產生懷疑。若少了旁人的指點或指令，自己便不敢採取行動。久而久之，你會變得綁手綁腳，對自己的表現能力有滿滿的擔憂。

請務必了解一件事：各位都擁有獨一無二的特質。具備了知識、技能、天賦和適應能力後，其實就不需要一味尋求外界的肯定。只要各位對自己的「信心水準」符合現實狀況，在面對生活的各種不確定時，仍能抬頭挺胸，做一個自信滿滿、深有主見的人。

想擁有強大的心理韌性，**自信心**是不可或缺的要素。若沒有先建立起自信心，想要養成強大的心理韌性可說是難上加難。萬幸的是，若能肯定自己目前具備的特質，「改變對自己的看法」相對來說較容易做到。想要調整「自我知覺」、改變對自己的看法，就應將注意力擺在現實狀況上，而不是那虛幻的內在自我批判。

練習七

請各位簡短列出自己最常被哪些情況或事物打擊自信心。有可能是負面的自我對話、凌亂不堪的工作間、自己蓬頭垢面的樣子，或是人際界線的缺乏。每個人都是獨一無二的個體，所以你列出的清單也是獨一無二、專屬於你自己的。

接下來，請各位寫下自己能採取哪些行動，來減緩每項情況或事物對自信心的衝擊。記得要寫得夠明確！舉例來說，若深受負面自我對話的困擾，每當內在自我批判的聲音又出現時，你可以努力勇敢面對這些聲音。若心中的聲音告訴自己「你一定會失敗！」，你可以這樣回應：「哈哈你錯了！讓我來告訴你為什麼。」

最後一個步驟：請各位一次處理一件事。為了減緩每項事物對信心水準的衝擊，請各位務必採取上述所列的行動。持續不斷的重複是這項練習的關鍵。

練習所需時間：二十分鐘。

「態度」對心理韌性的影響

態度深深影響了我們的行為。面對棘手的困境時，「態度」決定了你我的應對方式。遭逢逆境的打擊時，「態度」不僅會深深影響我們的心理復原力，還決定了我們究竟是向逆境低頭，還是戰勝逆境。

面對挫折時，若我們具備正面的態度，則能以樂觀與充滿信心的心態評估情勢；但若我們抱持負面的態度，則會以憤世嫉俗、憂慮恐懼的心態看待眼前的挑戰。遇到挫折、挑戰與障礙後，我們種種的行為反應便是來自於這些情緒。

本章將深入探討「心態」這一議題，以及「心態」對於心理韌性的影響。讓我們先從你是如何看待自己，以及如何看待自己的處境開始論起——這個起始點其實比乍看之下來得更重要。

主動迎擊、克服困難，還是消極應對、期盼困難自己變不見

每當聽到旁人要我們「保持正面心態」時，腦中馬上就浮現出千篇一律的「正面思考者」模樣：這種人似乎對自己的處境渾然未覺，終其一生都在盲目期待一切都會好轉。他們完全忽略了生活中的困難與挫折，一廂情願地以為所有困難都會憑空消失。這種人無憂也無懼，因為他認為人生所有的困難都會自己變不見。

簡而言之，這種「正面思考者」認為任何處境都會好轉，環境會來適應自己。若把人生比做一場旅程，這種人會覺得自己不過是個過客罷了，對身邊的一切哪有什麼影響力。

但真正擁有正面思考的人才不是這種樣子！

保持正面心態可不是要各位盲目樂觀，盲目地以為所有問題都會船到橋頭自然直；擁有正面心態的人，清楚知道自己有能力主動出擊，積極改善自身處境，且能透過自己的天賦、能力和適應能力來戰勝種種不幸與困難。

想要養成強大的心理韌性，必須具備這種正面的心態——而正面心態又源於你我的自信心。正面的心態決定了你我面對逆境時的感受與應對方式，也讓我們對自己深具信心，勇於採取行

動；而非一味消極度日，抱持盲目的樂觀。

「投入」的重要

當我們全心投入在某一件事時，就代表這件事對我們來說是有意義的。我們認為投入後的成果是值得自己花費時間與心力來耕耘的。我們一切的作為與決定，都在想方設法讓夢想成真。全心全意地投入不僅能激勵你我全力朝夢想邁進，還能告訴自己不畏眼前的阻礙，堅持向前行。

假設你現在想要開創一項副業。你全心全意地投入，希望發展副業有成。這份投入便是支持你每個夜晚、每個週末辛苦耕耘的動力。但其實「投入」帶來的效果遠遠不只於此。

如果各位有過創業的經驗——哪怕只是從自己房間的一個角落起家的小小事業——你們一定很清楚：創業的過程中，什麼問題都有可能發生。有時問題來得猝不及防，全無半點預兆。若缺乏全心地投入，碰到問題時你可能超想直接舉雙手投降，大喊一聲「我不幹了！」若有全心全意的投入，誓言創業成功的你一定會打起精神，努力克服接踵而來的挑戰。

當我們全神貫注投入在一項任務、計畫，或是某件特定的事情上，就算面臨挫折的挑戰，我們也會擁有重振旗鼓的能力，繼續保持正面的心態，堅定地往前行。放棄比堅持還要容易，但

「投入」會讓你我繼續堅持下去。全心全意地投入能讓我們堅定地朝目標邁進，而非為了一時的逸樂便輕言放棄。

積極追求持續成長

正如前文所述，具備正面的心態能讓我們有信心克服一切難關。每當我們學會了新技能（或是技能又更上一層樓）、吸收新知，或是面對新的狀況，都會增強自己的正面心態。我們的能力與熟練度愈高，自信心也會隨之提升。

正因如此，在我們全心投入的事情上積極追求成長是一件非常重要的事。其實若能在其他層面——而**不只是**局限在自己想要投入的事情——上追求成長，對你我更是大有裨益。想要更上一層樓，勢必得跨出舒適圈，面對各種不熟悉的狀況；離開舒適圈能讓你我有機會拓展自己的知識領域，增廣見聞。

心理韌性強大的人往往都擁有成長型思維（growth mindset）。擁有成長型思維的人，認為自己的能力絕非一成不變；當人生碰到挫折時，他們深信只要堅持不懈，反而能從中學到**新的**能力。這類人很少有放棄的念頭：對他們來說，自己的弱點就是需要積極改善的地方；而每一次的挫敗，都是從錯誤中學習的機會。

成長型思維對心理復原力的養成來說至關重要。想要擁有正面的心態，成長型思維更是必不可少。想要成為心理韌性強大的人，必得抱持一份信念：自己是可以持續進步的，故只要持續成長，我們可以將從前的不可能化為可能，實現自己的夢想。這份信念能加強你我的自信心，不論將來遇到什麼風風雨雨，自信心都能增強我們的毅力，幫助我們堅定地挺過重重難關。

接下來，還有最後一個能直接影響到你我心態的要素，而這個要素也會連帶影響到我們的復原力。那便是「感恩」。

感恩的力量

許多人一味自怨自憐，深陷其中久久不能自拔。他們老在發牢騷，常常抱怨人生有多麼不公平，怨嘆為何時運不濟，害得自己沒能施展抱負。這類人太專注在自己的不幸，一味沉浸在扮演受害者的角色，卻沒有正視自己的天賦與能力。這樣的心態會讓人陷入沮喪的深淵，甚至會產生憂鬱的情緒。

一旦碰到挫折的挑戰，這些習於自怨自憐的人往往就束手就擒了——果然不出所料。

請各位務必謹記：自怨自憐是自己的選擇。是我們自己選擇用抱怨與自憐的心態度日，而非逼不得已如此。一旦陷入這種負面的心態，我們便很容易開始在心中抱怨、自憐，把自己的失敗都怪罪在時運不濟上。

陷入自憐的心態，將會與強大心理韌性的養成之路背道而馳。若能心懷感恩，我們便會著重在自己擁有了哪些外在和內在資源；感恩的心態能幫助我們挺過重重失敗、不幸與難關。懂得對自己擁有的天賦與能力表達感恩之情，便能提升自信心，並且能保持開放的胸襟感受進一步的成長。

之後若各位又突然陷入了自憐的情緒，請試試看這些方式：

- 審視自己目前情緒狀態的真實性。真的有需要這樣自憐嗎？還是我忽略了自己的潛力？
- 壓下想要找個人發牢騷的衝動。發牢騷只會讓自己愈來愈渴求旁人的認可，這樣的心態並不健康。
- 想想自己人生中的美好。

● 告訴一位朋友或家人你有多愛、多珍惜他。聽見你的傾訴後，對方會很高興，你也會很開心。這是雙贏唷！

這些簡單的方式可以迅速消除自憐的情緒，減輕生活所帶來的精神壓力與情緒壓力，並有助於各位採取實際行動，戰勝眼前的挑戰。

練習八

請寫下五件你今天靠著自己的實力與技術所完成的事情。比方說，你今天可能完成了一份工作報告，或是在學校應試，又或者是修好了家裡一個壞掉的電器。這項練習能讓各位清楚了解到自己在現實生活中其實是有能力解決問題的（知道自己具備一些技能、專長和適應能力等）。

練習所需時間：五分鐘。

練習九

請寫下五件你今天學到的事物。比方說，你今天可能學到了一個新單字或是新說法，也許你還學會烹飪一道新的菜餚，或是用吉他彈一首新歌。這項練習是為了提醒你自己在某些方面有持續的成長和進步！

練習所需時間：五分鐘。

練習十

請各位寫下五件今天令你感恩的事。也許是工作、和伴侶的關係，或是自己的冰箱能有滿滿的食物，讓你充滿感恩。這項練習意在訓練各位將感恩表達出來，擊退自怨自憐的心態。

練習所需時間：五分鐘。

心理韌性與我們的內在自我批判

我們內心的「自我批判」是個老謀深算的勁敵；他知道自己無須大呼小叫便能吸引我們的注意力。他用不著放聲嘶吼便能輕而易舉擊垮我們的心靈，消磨我們的自信心，蠱惑我們凡事往負面想。只需在我們耳邊**喃喃**說個幾句話，就能讓我們對自己心生懷疑，責難自己。短短幾句話就能挑起那麼大的恐懼與焦慮情緒，這讓你我嚇得動彈不得，根本無法有任何作為。

每個人的心中都住著一個「自我批判」。他蟄伏在你我身後伺機而動，千方百計就想批評我們的所作所為，對我們的工作指指點點，我們的每項決定他都看不順眼。我們必須學會關掉這些自我批判的聲音，不然可能會一天到晚被這些聲音嚇得手足無措。這些負面的自我對話在日積月累之下，將會對你我的情緒和心理造成極大的傷害。

就讓我們接著來討論如何辨識出負面自我對話（它不是每次都那麼容易察覺）。一旦察覺到負面自我對話的徵兆，各位便能按部就班開始行動，不讓自己被內在自我批判打垮。讓我來傳授給各位一些今天就能運用的訣竅！

內心的「自我批判」正蠢蠢欲動的常見徵兆

各位內心的「自我批判」就像個小孩子：容易感到無聊，坐不住。當「自我批判」覺得無聊時，會利用破壞來打發無聊！而且很不幸的是，這「小孩」的詭計往往難以察覺——我們內心的「自我批判」極擅於隱藏，總能潛藏在暗處伺機而動。

話雖如此，「自我批判」的詭計仍有跡可循。

第一，「自我批判」擅於災難性思考。他會講些似是而非的話，不斷對我們耳語如「你一定會失敗」、「你會丟了工作」和「他們一定會討厭你」之類的話。這些話乍聽之下似乎頗有道理，容易讓人信以為真，以為腦中的這些聲音是在試著保護我們。

第二，「自我批判」也擅於把我們推入罪惡感的深淵。「自我批判」會一直提醒我們過去曾搞砸了哪些事，做錯了哪些決定，讓我們以為自己真的是個無能的人。

第三，「自我批判」慣於用以偏概全和過於絕對的字眼來說話。以下便是些例子：

- 「你**永遠**不會成功。」
- 「**所有人**都會覺得你是白痴。」
- 「你**每件事**都做不好。」
- 「你**每次**都會說錯話。」
- 「**沒有人**在乎你的想法。」

第四，「自我批判」對「成」、「敗」二字的定義極為嚴格。結果若不是成功，就是失敗，兩者之間沒有任何餘地。更可怕的是，「自我批判」對「成功」二字所設定的標準根本高到離譜。舉例來說，若考試拿了B，就代表自己沒考好，失敗了；或是只要自己烹煮出的菜餚稍稍不合己意，未臻完美，就代表失敗；又或是在公司完成了一場上臺報告後，沒有**每個**與會者都拍手叫好，就代表自己的報告失敗。

第五，「自我批判」往往把未來預測得很負面，彷彿未來已成定局。舉例來說，你想要約一個女生出來，但「自我批判」會在心中告訴你：這個女生一定會說「不」、「想都別想」，或是「就算全天下只剩下你一個男人，我也不可能跟你出去」這種話。「自我批判」還會說其他負面的話語：你想向客戶提的行銷計畫一定會被一口回絕；你想開創的副業一定會一敗塗地，而且你會淪為朋友之間的笑柄。

「自我批判」這位勁敵幾乎可說是最惹人厭的傢伙。該是鏟除這些負面自我對話的時候了！

用五種方法，關掉自我批判的聲音

在接下來的篇幅中，我會列出五種簡單的方法，幫助各位中止負面的內在對話——這些負面對話對你我的信心、自我價值與心理韌性會有極大的傷害。接下來的五種方法既簡易單上手，又省時省力，請各位今天就試試看！

方法一　腦中一冒出負面想法時，請好好檢視它

國家科學基金會（National Science Foundation）於二〇〇五年發表了一篇文章，該文宣稱每個人每天約有一萬兩千個到五萬個念頭在腦中閃過，且高達百分之八十的念頭都是負面想法。先不論這樣的論點正確與否（有些學者對該論點抱持懷疑的態度），我們的大腦每天**確實**都會冒出

許許多多的負面想法。這些念頭多到我們漸漸對之視而不見，任憑負面想法在腦中滋生。

每當心中的自我批判又開始「發聲」時，請各位好好檢視自我批判所說的內容。不要輕易忽略自我批判的聲音，但也千萬不要僅憑自我批判的一面之詞就信以為真。請務必謹記：自我批判對你我的情緒主宰力、心理穩定度和心理韌性有極大的危害。

方法二

勇敢問自我批判：你的證據為何？

若心中的自我批判又在耳邊喃喃低語，指責你是個失敗的人，說以後一定會有災難發生，或是試圖讓你相信自己能力不足，難以完成某項任務或計畫，請各位勇敢問問「自我批判」：你的證據是什麼？面對你的質疑時，這些自我批判的聲音一定又在老調重彈，細數各位過往的失敗經驗。但請各位謹記在心：我們一直都在成長，也都在進步。昔日的失敗並不會阻礙你我未來的成功。故「自我批判」能拿出手的證據，充其量不過是些立論基礎薄弱、大錯特錯的謬誤罷了。

方法三

請想出一個合理的回應，來反駁「自我批判」每一句以偏概全的言論

前文曾提到「自我批判」會偷偷把一些過於絕對的字眼灌輸在你我的大腦中，請各位回想一下例如**永遠**、**想都別想**、**沒有人**、**每個人**等字眼。會用到這些字眼的言論幾乎都是言過其實且毫無意義的。面對這些誇大其詞的言論，最好的應對方式便是以合理的回應來反駁之。

舉例來說，假設現在你想要改善自己的演講能力。若各位心中的「自我批判」大膽了起來，可能就會在你耳邊低語道：「你**永遠**沒辦法上臺演講。」但這句話其實一點都不合理！你可以這樣反駁：「透過充分的練習，有朝一日我一定會改善自己的演講能力。」這句話不僅無可辯駁，還能把自我批判那毫無根據的低語瞬間打趴。

方法四

遠離腦中滿是負面想法的人

每個人身邊一定至少認識一個凡事老往壞處想的人。這種人想法悲觀、憤世嫉俗、整日垂頭

喪氣。他們常常在抱怨和批評，**凡事**都往負面的方向去想。和這種人待在一起會耗盡我們的心神，而且更糟的是，他們的負面情緒傳染力非常強。和這類人相處一段時間後，你會發現自己正面的心態正一點一滴被黑暗吞噬。

請珍惜自己的時間，不要讓自己的時間被負面的人占據了。各位應多花些時間和常保正向思維、樂觀看待未來的人相處。這類人自信滿滿、樂觀積極，能完成許多事情。和這類人相處能增強各位的心理素質與認知能力。

方法五

把「自己」想成是自己的「朋友」，再溫和地給「朋友」建議

我們對自己所在乎的人往往比較寬容，對自己則嚴厲多了。舉個例子來說，只要自己一時失誤，我們就會在心中罵自己：「你這笨蛋，這失誤也太蠢了吧！」但我們不會對自己的朋友或心愛的人說這樣的話，而是用鼓勵的口吻為他們打打氣。舉例來說，我們可能會說：「這只是個小失誤，每個人都會犯啦！不要因為這樣就垂頭喪氣。」甚至會講出自己最近犯下的類似——或是**更嚴重的**——失誤，就為了讓我們所在乎的人心情好一點。

既然我們對朋友還比較寬容，那麼每當內心的自我批判又在對我們說些不合理又惡劣的批評時，不妨把自己想像成是自己的「朋友」，再來給自己一些建議。給「朋友」（其實是你自己）建議時，記得要支持鼓勵，要寬容些。這麼做會讓各位更能放過自己，更能堅定地勇往直前。

其實「內在自我批判」也並非全然一無是處，適當的自我批判能讓我們察覺到自己有哪些錯漏，進而有機會著手調整與改善之。但問題就在於，我們的「內在自我批判」從來都不知收斂，總在每件事情上吹毛求疵，進而一點一滴蠶食我們的心理素質與心理韌性。不過還是有個好消息：只要各位能識破「內在自我批判」的詭計（了解內在自我批判有哪些伎倆後，會比較容易看穿其詭計！），就能關掉自我批判的聲音。

練習十一

請寫出十件上禮拜你經驗到的負面自我對話。這些負面自我對話無分大小，不論是讓人有點不舒服，抑或是超級打擊內心的自我對話，請一一列下來吧。

舉例來說，你的內在自我批判聲音是否曾對你說過以下的話？

- 「你減肥永遠不會成功啦！」
- 「沒人喜歡你。」
- 「你穿那件衣服有夠難看。」
- 「你的朋友馬克（Mark）無視你的簡訊。他一定對你很不爽。」
- 「你沒有和那些人一樣能幹。」
- 「你的老闆要炒你魷魚了。」
- 「你的同事根本不尊重你。」
- 「你是白痴。」

寫完了十句上禮拜的負面自我對話後，請在每一句話的旁邊寫下合適的因應之道。舉例來說，在「你減肥永遠不會成功啦！」這句話旁邊，可以寫說「如果我少吃點垃圾食物、每天健走三十分鐘，體重一定會慢慢減下來的。」

這項練習可讓各位領悟到一件事：那些內在自我批判聲音說的話都是假的！透過這樣的練習還可幫助各位訓練自己的思維：每當碰到自我批判聲音嚴厲的指責時，要馬上起疑心，質疑這些批判聲音的真實性。

練習所需時間：二十分鐘。

「意志力」與「動機」所扮演的角色

先讓我們來探討幾個詞彙的定義。「意志力」（willpower）指的是為了達成更長遠的目標，而延遲享樂的能力。舉例來說，假設你的目標是要減重十五磅，若能成功抗拒當下想吃甜甜圈的衝動，便是意志力與自制力的展現。

至於該如何定義「動機」（motivation）一詞，可就棘手多了。最簡單的定義就是「一股想要改變些什麼的渴望」：這種改變可能是達成某項目標（如想要藉由減重十五磅來改變自己），也有可能是想要改善自己的狀況（如完成每個待辦事項，以減輕自身壓力），想要對某個特定議題有更多的關注（如動物福祉），或是想要為重要的事盡一份心力（如氣候變遷問題）。「動機」一詞涵蓋了投入、行為，以及心理學家所稱的直覺（instinct）。

正如我先前所述，「動機」比「意志力」更難定義。不過我會將「動機」的定義限縮為「能激勵我們改善自己的狀況」，以符合本書的目的。

所以「意志力」和「動機」到底對心理韌性的養成有多重要？這兩者分別扮演了什麼樣的角色？唯有先了解「意志力」與「動機」的運作方式，才能回答上述這些問題。

「意志力」的實際運作方式

不知各位有沒有發現，早上比晚上更容易對困難的抉擇做出決定。舉例來說，早上你離開被窩後就得面臨一個抉擇：是要去慢跑，還是去看個電視？這時的你較容易選擇困難的項目——默默穿上運動鞋，慢跑去。但現在假設你辛苦了一整天，終於下班回家了，又面臨一模一樣的抉擇：要去慢跑還是去看個電視？這時的你就較不容易延遲享樂了。如果各位跟我一樣的話，在這種情況下，我們則是會選擇去看電視。

以上情形便是「意志力」的運作方式。意志力就像油箱裡的燃料，在一天之內，隨著時間的流逝漸漸耗盡，正如你我做出困難抉擇的決心，同樣也隨意志力消融般逝去。

同儕審閱的美國國家科學院院刊（*Proceedings of the National Academy of Sciences*）曾於多年以前發表一篇研究，該研究是在探討外在因素對八位法官做出假釋裁決的影響。[1]研究人員追蹤了一千件以上的假釋案後，發現了一個很有趣的現象：在一個上班日之內，隨著時間的流逝，法官對假釋的認定愈趨嚴格，愈有可能駁回假釋的申請。一天的時間逐漸過去，法官顯然覺得自己愈來愈難做出困難的抉擇，故為謹慎起見，便會選擇駁回假釋申請。

研究人員還發現另一件奇妙的事：剛用完午餐後的短時間內，法官比較容易允准假釋申請。「決策疲勞」（decision fatigue）可以解釋上述的現象。決策疲勞是心理疲勞（mental fatigue）的一種。做愈多決定，意志力也會隨之減少（就像耗損我們油箱內的燃料般）；我們會愈來愈沒有意志力去做接下來的各種決定。少了意志力之後，我們會很難在各種困難的選項中抉擇，故往往會做出較簡單的選擇。

請牢記意志力的運作模式，接下來讓我們把焦點轉到「動機」上。

動機，那轉瞬即逝的力量

不知各位有沒有這種經驗：你已經被激勵到感覺情不自禁，甚至是「身不由己」地去做某件

---

1 Avnaim-Pesso, Liora, Danziger, Thai, & Levav, Jonathan (2010). Extraneous factors in judicial decisions. Proceedings of the National Academy of Sciences. 6889-6892. https://www.pnas.org/content/pnas/108/17/6889.full.pdf

事？聽完一場激勵人心的演講之後，你可能心中會浮現出這種感覺；或是眼前有個千載難逢，可以實現自身夢想的機會就在你的手上，讓你深受鼓舞；又或者被下了最後通牒後（例如老闆告訴你若每日銷售額再沒達標，就要炒你魷魚），你變得非常積極主動。

「動機」可作為強大的動力，驅使你我積極採取行動。想要改變自身處境，往往得付出一定的心力與代價——可能是我們的時間、舒適度或是資源。當我們有強烈的動機，非常想要改變某一件事，便會願意付出更多的心力與代價來達成自己的目標（如更努力工作、投注更多的時間，或是付出更多的資源等）。但若我們缺乏動機，就不會願意付出那麼多的心力與代價了。

這就是「動機」的問題所在。「動機」本身很難掌控；若無法掌控動機，我們便無法時時善用「動機」的力量。「動機」雖蘊含力量，但實在靠不住。

就算我們既缺乏動機，又沒什麼意志力，我們還是可以用一個「祕訣」來訓練自己積極地做出行動。這個祕訣既管用又靠得住——就算各位更想做些能滿足當下欲望的事，該祕訣仍能驅使各位積極動起來！

最棒的是，這個祕訣與心理韌性的養成更是不謀而合！

缺乏意志力和動機時，該如何讓自己動起來？

我就別再兜圈子了。

缺乏意志力和動機時，驅使自己仍能馬上行動的關鍵就是「習慣」。建立並遵循一套套常規和儀式，能讓你我養成自動自發、積極作為的好習慣。一旦培養出好習慣，你便不會任由「決策疲勞」宰割。我們無須再癡癡等待「動機」的到來，盼望「動機」能驅使你我積極改變自身處境。「習慣」會驅使你我馬上行動。好習慣維持得愈久，愈能做出符合自身目標的選擇。

讓我們回到剛才提到的例子：辛苦了一整天，下班回到家後，你可以選擇出門慢跑或是待在家裡看電視。若你想要維持好身材，平常下班後也會去慢跑，這時你會發現自己比較容易做出慢跑的選擇。因為你已經培養出下班後慢跑的好習慣。大腦已經習慣這套常規了，就算懶在沙發上看電視能更快滿足一時之樂，習慣會驅使你我自動自發，出門慢跑去。

在前面的章節中，我曾談到習慣的重要性（請參**心理韌性與我們的習慣**）。文中指出在面臨人生的挑戰時，習慣能支撐著你我度過重重難關——而這便是養成強大心理韌性的關鍵所在。

現在我們必須釐清「習慣」相較於「意志力」與「動機」的可靠程度。簡而言之，習慣**永遠**

靠得住。

「動機」其實是個值得一探究竟的議題。「動機」的背後蘊含了很深的學問，細探起來也是趣味橫生，但這個議題已超過本書範圍，故不在此討論。

練習十二

每當感到情不自禁，想任憑一己之衝動恣意享樂時，請先靜心冥想五分鐘，別衝動行事。計時五分鐘，接著閉上眼睛，專注於自己的呼吸。

這項簡單的練習能訓練各位發揮自制力。透過這套簡易又易上手的訓練方式，各位會更能習慣延遲享樂與無法及時行樂所帶來的不適感。

練習所需時間：五分鐘。

練習十三

請各位寫出五件能激勵自己採取行動的事情。也許是讀本勵志書，或是聽某種類型的音樂，又或者每當和志趣相投的人相處後，自己會特別覺得整個人充滿衝勁和力量。

再請各位寫出五件能讓自己的動機瞬間煙消雲散的事。也許是吃了含糖食物，或是事事苛求完美，又或者是和心態悲觀的人相處後，自己也跟著意志消沉了。

這項練習可讓各位意識到周遭環境對自己動機的影響。一旦有所覺察，便能為了自己更長遠的目標做出更合適的調整。

練習所需時間：十分鐘。

自律的重要

以前我在Corporate America公司工作時，曾在工作之餘，在自家客廳裡開創一項副業。那時的我每天清晨四點鐘就起床，利用出門上班前的這段時間經營自己的副業。晚上下班一回到家後，又繼續忙我的副業，忙到半夜才上床睡覺。睡了四個小時後，隔天早上又繼續這樣的日子。如此的生活步調持續了數年（咖啡是我當時的最佳良伴）。

我之所以能長達數年維持這樣的生活步調，除了有咖啡的助力，關鍵是靠「自律」——不是「意志力」，也不是「動機」。我得日復一日，年復一年勉強自己做這些事；在這段過程中，我得學會控制自己的欲望、抗拒及時享樂的誘惑，以及忍受強烈的不適感。

但這樣的生活方式一點都不健康。雖然我把副業經營得有聲有色，但這樣的生活已嚴重影響了我的身心健康。

但這段經營副業的經驗，也讓體悟到「紀律」的重要性。首先，我發現只要我們夠專注在自己的目標上，便能勉強自己挺過一切的艱辛。這份堅忍不拔的毅力能幫助你我戰勝自己的拖延毛病、優柔寡斷、恐懼與懶散。

第二，我發現「自律」是養成強大心理韌性的前提。若沒有先培養「自律」的習慣，便無法鍛鍊出強健的心理韌性。某方面來說，養成「自律」的習慣，便是在訓練自己成為一個心理韌性強大的人。「自律」是基礎訓練的一環。

本章將會和各位分享我自己建立紀律的方法。若各位早已是非常自律的人，請跳過本章去看下一章吧！但若各位覺得自己很難保持堅持投入的毅力，難以全心全意朝目標邁進，無法忍受種種不適感，本章的內容會對各位很有幫助。

就讓我們先來探討「自律」與「意志力」的不同吧！

「自律」與「意志力」

許多人會將「自律」與「意志力」混為一談，但我相信各位清楚這兩者之不同。正如上一章所述，「意志力」如油箱裡的燃料般有限，且會迅速耗盡。我們開車開得愈頻繁，油箱中的燃料耗用得愈快。

以前我一邊在Corporate America公司工作，一邊開創自己的副業，那時我的朋友和家人都說我有「驚人的意志力」，其實不然。光憑意志力無法撐過我那數年的自虐式懲罰（睡眠不足、延遲享樂）。

意志力當然有用。意志力就如瞬間噴發的短暫能量，能激勵你我馬上行動，而不是沉溺在眼前的欲望中。但該如何持續保持這種反應呢？這時就得靠「自律」了。

就算我們很想要躲在溫暖的被窩裡，「意志力」就是有本事讓我們明天清晨五點爬起床；但**自律**能讓我們**每天**都清晨五點起床，而不像意志力只能撐一天。

意志力能讓你我今天下午具備足夠的自制力，抗拒垃圾食物的誘惑；**自律**則能讓我們未來都具備充分的自制力來**戒除**垃圾食物。

若把意志力比做朋友，那麼意志力便是那種偶爾在你身邊，但大多時候不見人影的朋友，而這樣的朋友實在靠不太住；但自律就是個不論風風雨雨，**永遠**都會待在你身邊的好朋友。和自律建立起「友誼」後，便能全心全意信賴「自律」，對這段友誼有滿滿的信心。

就讓我們來談談該如何培養「自律」吧！

培養出高度自律習慣的五大祕訣

想要培養紀律，其實也沒有什麼祕訣。自律的養成其實就和任何習慣一樣，都需要時間和努力來培養，也像建立任何的好習慣一樣，自律的養成過程中，自然免不了挫折的打擊。

先有這樣的心理準備是件好事。在培養紀律的過程中，若不小心犯錯了——只要你不是機器人，就**一定**難免失誤——心情便不會太難受。有了遭逢挫折的心理準備後，你會比較容易原諒自己，打起精神重振旗鼓。

以下的五個「祕訣」（哈哈我開玩笑的）曾幫助我培養出良好的自律習慣，對我來說受益匪淺。我相信這些祕訣對各位一定有用！

祕訣一

打造一個「零誘惑」的環境

當身邊沒有什麼誘惑的存在時，你會發現自己比較能抵抗誘惑。舉例來說，你覺得自己很難抗拒垃圾食物的誘惑。這時你應該把家裡、辦公室、小隔間和桌上的垃圾食物通通丟掉。方便取得這些垃圾食物很容易激起我們口腹之欲。把垃圾食物從周遭環境清掉後，能幫助我們控制自己的口腹之欲。

祕訣二

一步一腳印，慢慢培養出自律的習慣

容我再重申一遍，這就像培養任何的好習慣一樣。不要想著自己一夜之間就能變成一個非常自律的人。各位應該要做好計畫，循序漸進，每一週（甚至每一個月）都要持續做，切莫躁進。也別忘了為自己一路以來的小進步喝采。

學會小步往前邁進、肯定每一個小進步，能更容易建立起自律的好習慣，也能讓過程變得更有成就感。透過這個祕訣還能訓練各位發現自己是有主導權的。自己的人生可以由自己主宰。

祕訣三

制定一套行動計畫

不要等到心血來潮或是機緣湊巧才有所行動。請想出一套可行的策略激勵自己全神貫注地付諸行動，且要持續做下去。

舉例來說，假設你想要開始培養每天早上寫日記的習慣。別以為有心就夠了，請先把「寫日記」這個項目列在自己的手帳本上。請每天空出十五分鐘（例如早上六點半到六點四十五分）來寫日記，把每天這十五分鐘當成是一定要赴的約——一場與自己的約。

祕訣四

學會習慣暫時的不適感

在培養自律的過程中，難免會有暫時的不適感。為了完成更遠大的目標，學會忍受失意，懂得延遲享樂是很重要的；不然我們就只能任由自己被欲望宰割。舉個例子來說，想吃垃圾食物就吃，完全不忌口；一對工作感到厭倦，就毅然決然遞出辭呈；不爽某個朋友，就決定再也不和對方聯絡。這些行為都與「紀律」**背道而馳**。

當你感到失意、憤怒、苦惱時，請接受自己的感覺。不要逃避這些感覺。接受這些情緒的存在，但不用屈服於這些情緒。愈能接受自己的情緒，便愈能增強自己的衝動控制能力。

祕訣五　要嘛就什麼都不做，要嘛就專注於眼前的任務

推理小說作家瑞蒙．錢德勒（Raymond Chandler）曾和他的朋友亞歷克斯．哈里斯（Alex Harris）談到自己的寫作紀律。錢德勒在一封信裡寫道：「要嘛就專心寫作，要嘛就什麼都不做……我發現這招很管用。反正就是兩個簡單到不行的規則——一、不用提筆寫作；二、但你也不能做其他事。」

當我一邊在Corporate America公司上班，一邊經營副業時，錢德勒的這套觀點讓我獲益匪淺。每當我睡眼惺忪，苦等著咖啡發揮提神效果時，我都會這麼告訴自己：「其實我也不一定要現在就架設這個網站，但現在不架設網站的話，我只能選擇坐在位子上，然後什麼都不做。」思考之後，我每次都會繼續完成眼前的工作。

自律的特質會以許多不同的形式呈現出來，但自律不外乎就是抗拒自己的欲望，以及不畏隨之而來的艱辛，全心全意達成自己的目標。我們可以學著培養自律的好習慣，如此一來也能提升自己的心理韌性。

練習十四

請寫下十五件需要「紀律」才能抵抗誘惑或是堅持下去的事。這些事必須是各位平常就會遇到的事。我先列出一些例子給各位參考：

- 水槽裡還躺著一堆碗，得去洗碗了！
- 忙了一整天，回到家後得抵抗電視的誘惑。
- 早上起床後都要鋪床。

- 大清早去晨跑。
- 不要在辦公室裡和人東家長，西家短。
- 利用早晨時光冥想。
- 工作時不要看手機。

請各位在接下來的一週練習發揮自律精神，勉強自己做些不太想做的事，並且拋開一些你本來比較想做的事（至少要暫時拋開）。這項練習能訓練各位忍耐一些不適感。

練習所需時間：十分鐘。

如何抗拒想要放棄的衝動？

讓我們來快速總結一下：我們剛才探討過意志力和動機的議題，各位也明白意志力與動機的運作方式，以及這兩者不可靠的緣由；我們也談到了自律，各位已了解到培養出「自律」的習慣後，能進一步提升自己的心理韌性（文中還有附上一些養成「自律」習慣的祕訣）。

而在這個章節中，我們會將上述的概念整理成一個完整的結論。

培養強大的心理韌性，旨在提升你我處理生活中的挫折與挑戰的能力。具備強大心理韌性的人不會輕言放棄；當事態發展不如己意時，心理韌性能讓你我堅持不懈、管理好自己的情緒。

面對人生重大的逆境與挑戰時，強健的心理韌性以及不願向失敗與絕望低頭的決心，是挺過重重難關的關鍵要素。舉例來說，在我們失業、離婚或是面臨親友逝去時，強大的心理韌性及不願向失敗低頭的決心，能幫我們渡過人生的低潮。除此之外，還能幫我們挺過一件件日常生活中的鳥事——其實正是透過這些沒那麼沉重，但又煩人的鳥事，才讓我們有機會每天鍛鍊自己的心理韌性，讓心理韌性愈來愈強大。

舉個例子來說，假設你想要維持健康飲食習慣；但有一天不知怎的，你對垃圾食物的口腹之欲熊熊燃起，於是乎整個下午都在狂吃甜甜圈、冰淇淋和巧克力。飽食一頓後，你一定會對自己很失望。你的內在自我批判會慫恿你放棄健康飲食原則，會試圖讓你以為自己就是缺乏維持健康飲食的決心。但如果各位的心理韌性夠強大，你會拒絕放棄！你會告訴自己：不小心放縱飲食一天，其實只是個暫時的挫折，明天再恢復健康飲食就行了！

我們每天都會碰到這些小小的不順遂：在職場、家裡、出門辦事時，以及和朋友、家人相處的時候，難免有些小挫折。在日常生活中，你我會碰到這些煩人但又沒那麼沉重的挑戰，而這時心理韌性便能幫助我們度過難關。

接著就讓我們來細細探究那些想要放棄的理由。

五種最常見的放棄理由

我們都不喜歡當個半途而廢的人，但大部分的人都曾在人生某個時刻面臨重重難關，進而放棄一些自己的目標。當時的我們就這麼放棄了，不願繼續堅持下去。

有一個問題非常重要：為何當時會放棄呢？只要我們能找出放棄的理由，便能以更好的方式應對它。我們可以調整自己的心態、培養更好的習慣與常規，日後在面臨人生的挑戰時，便能化繁為簡、少走些從前的冤枉路，讓自己更能繼續堅持走下去。

以下是五種碰到挫折時、一般人之所以放棄的理由。

理由一

自己並非真的想要完成某項目標

你曾經設定一個對自己來說其實無足輕重的目標嗎？當時的你可能不怎麼把它當一回事。我個人倒是常這樣，類似的經驗實在族繁不及備載。因為這些目標對我來說真的不怎麼重要，所以只要卡關第一次，我就會放棄。當我們不是打從心裡真的想要完成某些目標時，就會像這樣，一卡關就原地放棄。

說這些話並不是要各位全心全意投入每個設定好的目標。我反而希望各位一旦發現當初的目標與自己更長遠的夢想不再一致時，就**應該**拋開它。但若在面臨挫折時，你仍想堅持自己的目標，務必得確認堅持後的成果真的你想要的。你必須願意一肩扛起責任、為自己的目標與抱負負責。

理由二

我們習於向誘惑俯首稱臣

我們會培養出**好**習慣，也會培養出一些**壞**習慣。屈服於自己的欲望便是一大壞習慣。愈常任憑誘惑與欲望左右，這個壞習慣就會愈來愈根深柢固；日後一碰到挫折的挑戰時，我們便會愈快俯首稱臣，半途而廢。

舉例來說，如果各位想要試著養成健康的飲食習慣（又有誰不想呢？），一定有過被垃圾食物誘惑的經驗。也許你會在心中替自己破戒吃零食的行為找藉口（比方說：「只嚐一口又不會少一塊肉！」）但問題就在於，大腦會悄悄慫恿我們一而再，再而三地屈服於垃圾食物的誘惑之下。如此一來，就是在訓練自己的大腦在面對誘惑時投降！

但若我們能一次又一次努力抗拒誘惑，便是在訓練大腦學會忍受當下暫時的不適感。日後當誘惑又逼近你我時，便不會輕言放棄。

理由三

我們很容易分心

我們的大腦總是在尋找一條更好走的路。其實這也滿合理的，若想要完成夢想，你我又為何要投注過多的心力呢？我們又為何要忍受過多的壓力呢？簡而言之，若無必要，為何得承受重重的苦難與不適呢？

有這樣的想法其實很正常。所以當我們碰到挫折時，大腦會馬上想挑阻礙較少的路走。但問題是，我們身邊有無數會令人分心的事物，這些事物就像一條條比較好走的路；如社群媒體、Netflix、手機，和其他各式各樣的嗜好都會讓我們分心。我們甚至會轉而設定較簡單的目標。一旦分心，在面臨種種困難與挑戰時，便很容易放棄原先的任務與計畫，轉而找些比較容易、沒那麼麻煩和複雜的事情來做。

幸好我們可以訓練自己學會忽視那些令人分心的事物——就像培養任何一個好習慣一樣，這需要時間的累積。

理由四

不清楚堅持不懈能帶來哪些美好的收穫

我們做的每件事都是有目的的。我們努力打拼，希望達成某項特定的目標，因為成功後的收穫對我們來說非常重要。

舉例來說，在大學時為了拿到好成績，我們會認真唸書，因為我們知道若能以優異成績畢業，將來的工作出路前景可期；我們能抗拒垃圾食物的誘惑，是因為我們清楚健康的飲食習慣能幫助減重、讓人更有活力；我們願意投注自己的時間、心力與情感在某些值得珍惜的情誼上，是因為我們希望這些情誼能長長久久。

若我們能明白一切的努力將帶來哪些豐富的收穫，我們便會更願意忍受一路走來的風風雨雨。但若我們**不明白**堅持下去的收穫為何，便很容易半途而廢。這時你可能會忍不住問自己：「忍受這些痛苦到底有什麼意義？」

這正是為何我們得清楚自己的堅持不懈能帶來哪些美好的收穫。如此一來，日後遇到困難時，我們會更能抗拒想要半途而廢的衝動。

理由五

一味沉浸在過度樂觀的期望中

保持樂觀的心態自然是件好事。在**具備強健心理韌性的人擁有的七大特質**中，也曾提到樂觀的心態對心理韌性的養成至關重要。心態要保持樂觀，但得是務實且審慎的樂觀。

抱持過度樂觀的心態，會使你無法預料和察覺將來可能的阻礙與挑戰。故一旦真的碰到困難時，我們會措手不及、無法有效地應對挑戰。這時的我們難免灰心喪志，深受沮喪與挫敗的打擊，讓我們更有可能半途而廢。

當然，就算窮盡所有心力，也不可能百分之百預料到所有情況。想要避免沉溺在過度樂觀的心態，可先從調整自己的期望開始：請務必告訴自己事情有可能——也往往會——出些狀況。只要有這樣的思維，若有狀況要發生了（或是出狀況了），便能幫助你我抵抗放棄的誘惑。

出現想放棄的念頭時，請問問自己這五個問題

每當各位想要放棄時，好好問問自己一些問題會很有幫助。這些問題——待會兒各位就會讀

到了——能幫助我們釐清自己究竟是因為一時情緒衝動而想要放棄，還是深思熟慮後決定放棄？

正如前段所述，放棄也可以是個明智的選擇——特別是當某個目標對我們來說已不再重要時。但如果某個目標對我們來說**依然**很重要，我們就該深思：這個想要放棄的念頭是否合理？這時就得問自己一些犀利的問題，直搗問題核心！

問題一 為什麼你想要放棄？

是因為這個目標得耗費太多心力嗎？還是耗費太多時間呢？抑或是會帶來太大的壓力？如果各位很清楚自己為何想要放棄，且考量過這個決定實際與否後，各位便能做出一個合理的決定。

問題二 耕耘後的收穫，是否值得自己歷經艱辛呢？

既然下定決心要忍受一番寒徹骨，之後的收穫必然得值得你我歷經這段艱辛！若非如此，又何必忍受這些痛苦與傷痛呢？但若**真**值得，問問自己這個問題便能提醒我們收穫的美好。

問題三

你的目標是什麼？

人很容易忘記為何某些事情對我們來說很重要。在追求夢想的**過程**中，我們難免迷失、徬徨，漸漸忘了自己的初衷。

第三個問題讓各位有機會重新想想自己的目標究竟為何。若某個夢想依然很重要，請繼續堅持下去；如若不然，便可毫不猶豫地果斷放棄。

問題四

你想要放棄，是因為缺乏足夠的決心，還是因為你的未來計畫已經變了？

當我第一次學到該如何架設網站時，我整個人興致勃勃、想要學到所有關於架設網站的一切，但漸漸地我的想法改變了。我對**架設**網站的興致一點一點地消退，轉而對**擁有**一個人人都樂於參訪的網站愈來愈有興致；後者對我來說已遠比自己架設網站重要多了。

所以我後來放棄了原本的念頭，改雇他人來幫我架設網站。我放棄了學習寫程式、自己架設網站的目標，但這是我深思熟慮後的決定。

當你想要放棄時，請務必問問自己這項重要的問題。若你對未來的計畫已經改變了，放棄或許是個正確的選擇；但若發現自己只是因為決心不足想要放棄，便可趁此機會好好激勵自己重振旗鼓，繼續努力。

問題五

未來的你，會不會對這個放棄的決定感到後悔呢？

第五個問題需要各位預測一下：**未來的自己**會如何看待自己今天所做的決定呢？

舉例來說，假設各位的目標是維持健康的飲食習慣，若今天你決定放棄這個目標，請問一年後的你會如何看待這個決定？**未來的你**，能信誓旦旦地說自己毫不後悔當初的決定嗎？還是很想惡狠狠地踢自己，後悔當初做這個決定呢？

如果各位的預測比較接近後者，便得好好重振旗鼓、繼續堅持目標，而非屈服於一時想要放棄的衝動。

請容我再說一遍：如果某項任務、計畫或是目標與各位心中更遠大的夢想不再相符，果斷放棄倒也不是壞事。但如果只是因為缺乏堅定的決心就想要放棄，便得好好審視內心的衝動、好好問問自己上述這五個問題，再來決定是否要放棄。

練習十五

請各位想一下：有誰曾憑藉著自己強大的意志、決心與毅力，成功扭轉了劣勢、克服了艱困無比的逆境。這個人可以是你的朋友、家人，或是泛泛之交，也可以是位你素未謀面的名人。

舉個例子來說，我的某位朋友儘管有些病痛纏身，仍打造出一間成功的企業；除此之外，我還有個很親近的家人長年面對沉重的經濟壓力，但最終仍成功戰勝了壓力，為自己和家人掙得美好與幸福的生活。

若要以名人為例，傳奇球星麥可．喬丹（Michael Jordan）還曾在高中籃球校隊甄選中落選！但喬丹仍堅持努力練球，最終成為運動史上的傳奇球星。

仔細想想這些人堅持不懈的努力、當初的沮喪失意，以及後來的勝利。不要拿自己和他們比較，只要想想他們為了登上心中的巔峰，而展現出多大的復原力與恆毅力就行了。

現在，請各位敘述一件自己曾放棄，但如今後悔不已的往事。接著請各位想想若能回到從前，若能抱持前述你想到的成功人士的心態，你能做哪三件事情來鼓勵自己繼續堅持下去。請把這三件事情寫下來。

練習所需時間：十五分鐘。

「無聊」的益處

大部分的人從小到大都覺得要避免「無聊」。我們從小就被灌輸這個觀念：「無聊」是因為我們缺乏好奇心、興趣，以及不懂得自得其樂。常常會有人告訴我們：「只有無趣的人才會感到無聊。」

如此一來，「無聊」一詞往往帶有負面的意涵。這也難怪長大後的我們只要一感到無聊，心中便會惶惶不安。感到無聊時，有些人的心中甚至會升起一股若有似無、模糊，但又惱人的罪惡感。當我們感到無聊時，就代表自己手邊沒啥事忙，或是生產力不夠高，對嗎？

大錯特錯！

其實「無聊」根本不是件壞事，反而可以是種天賦。與其試圖忙東忙西、巴不得填補「無聊」帶來的空虛感，我們應該學會享受——甚至讚頌——這段休養生息的空檔。「無聊」讓我們有機會想一想自己的處境、好好深思自己的一天，與改善我們的自我覺察。這些活動能讓我們更有心理準備，並藉此提升自己的心理韌性。

各位將可在本章中學到這個道理：「無聊」不僅難以避免，更是不可或缺的要素。不論在哪個領域，想要精進自己的技能，藉此提升自信心，「無聊」都是最基本的一環。本章還會列出一些能幫助各位熟悉「無聊」，甚至接受「無聊」的祕訣。

想要熟能生巧，必得接受「無聊」

請各位想一項自己擅長的技能，好好想想自己曾投注了多少時間和心力練習該技能。請回想一下自己練習的經驗，相信在練習的過程中各位一定有覺得枯燥乏味，無聊到不行的時候。

新事物能刺激你我的大腦。想到自己能學習新的技巧，並實際運用在生活中，就會讓人感到興致勃勃。但問題就在於：得經過一而再，再而三的練習與重複動作，才能熟能生巧。不過一而再，再而三的練習，難免會漸漸變成了一件無聊的事情。各位得繼續投注時間與心力，以繼續維持純熟的技藝。但我們的大腦會呈現休眠狀態，全靠練到熟能生巧來運作。

如此說來，「無聊」是技術純熟的前提。想要擁有純熟的技藝，磨練的過程中必然少不了「無聊」相伴。

舉例來說，假設你已經很會彈吉他了。你花了數千個小時背下所有的和弦與音階，以及學習樂理以增進自己演奏的造詣，經過多年的訓練後，終於成為了一名吉他好手——這一路走來你肯定飽嚐無比無聊又枯燥乏味的經驗。

想要熟能生巧，就得接受「無聊」。若各位打算培養一項技能，必先做好心理準備：「無聊」在所難免。

想要擁有強大的心理韌性，必得有優秀的一技之長

為什麼擁有一技之長對培養強大的心理韌性來說很重要？因為具備優秀的能力、純熟的技藝能讓我們有主控的感覺。擁有愈多的掌控能力，對自己克服困難、解決問題的能力便愈有信心。

但若我們對周遭事務一竅不通，便會覺得自己**缺乏**主控權。一旦認為自己沒有掌握的能力，往往便措手不及，覺得自己缺乏取得成功的必要條件與實力。若一直抱持這樣的心態，有朝一日面臨挫折的挑戰時，就很容易半途而廢。

舉例來說，假設今天你正在準備一份給主管的報告。這份報告的內容複雜，得從許多不同的試算表中取得資料。想像一下你碰到了各種意想不到的困難，這代表你用來取得資料的公式顯然

有些問題。

如果你擅於操作試算表，你會對自己找出問題和解決問題的能力深具信心。你會覺得自己還有掌握目前狀況的能力。如此一來，便會比較願意繼續做下去，堅持把問題解決。你相信自己能挺過前方一切挑戰，最終會邁向屬於自己的成功。

不過你若很少操作試算表，雖然會把資料輸入表格中，也會操作一些簡單的公式，但你會的也只有這樣。當你在準備給主管的報告，卻又碰到各種複雜的難題時，便會覺得自己無法掌握目前狀況。這時的你很有可能會覺得自己實力不夠，看不出也解決不了潛藏的問題。在這樣的情況下，就算半途而廢會觸怒主管，你還是會很容易做出放棄的決定。

這正是為何擁有實力與一技之長是鍛鍊強大心理韌性不可或缺的關鍵。當我們擅長的能力能用在周遭的事物上，我們會相信自己。我們會對自己的技術與能力深具信心，而信心能加強你我的毅力與決心。我們相信自己有能力挺過一切壓力，克服各式各樣的障礙，故我們更願意勇往直前，而非屈服於失敗的打擊。

正如前文所述，優秀的實力必然少不了「無聊」相伴左右。在精進任何技術或技藝的過程中，一定會有「無聊」的時刻。「無聊」在所難免。

請好好接受「無聊」的存在。

如何與「無聊」共處？

當你做一件事情做到覺得無聊透頂時，請提醒自己做這件事的初衷究竟為何：你想要達到什麼目標？為何這個目標對你來說很重要呢？

讓我們再回到剛才「試算表」的例子。因為老闆指派你交一份報告，所以你得操作這個試算表。你想要做出一份對老闆有貢獻的報告，這對你來說很重要——因為如此一來便能加深主管對自己的好印象。以後主管說不定會把比較夯的專案分配給你，這樣將來可能更有升遷和加薪的機會。

這樣的思維模式，便是把注意力從眼前的工作轉移到更遠大的目標。改變思維模式更能幫助各位忍受當下的無聊。各位的注意力是專注在未來更遠大的目標。

「**承認**自己感到無聊」也能幫助各位熬過無聊的時光。「無聊」有時藏得很隱密，不易察覺，往往在不知不覺間就悄悄湧上你我的心頭。承認自己感到無聊，並弄清楚自己為何感到無聊（舉例來說，一而再，再而三地練習某項技藝，實在是件枯燥乏味的事），不僅能幫助你我更能接受「無聊」，還能在「無聊」勾起各式負面情緒（如壓力、沮喪、憂鬱等）之前，就讓我們無懼「無聊」的存在，勇往直前。

還有一個和「無聊」共處的好方法：請把手邊這件事變成「遊戲」。不論手邊要執行的是任務還是專案，這個方法都能讓各位做起來有趣多了！各位甚至可以在完成一些目標後，給自己一些小小的獎勵。

舉例來說，假設你現在正在練習吉他的音階。你已經把一堆音階記得滾瓜爛熟了，所以練習音階對你來說實在是件枯燥乏味的事。請各位把練習過程變成「有各種小獎勵的遊戲」！例如，你可以先計時五分鐘，試著在這五分鐘之內把每個音階彈得無懈可擊、曲式正確、聲音清亮。成功做到後，嚐一下自己最喜歡的糖果棒吧！

或是假設你正在準備給主管的一份試算表報告。準備的過程有夠無趣，特別是當你又對試算表的操作熟悉到不行時。這時不妨把準備的過程變成一種「遊戲」：計時三分鐘，試著在三分鐘之內完成某個段落，或是想出一種你從沒用過的方法來提取資料。

冥想也是和「無聊」共處的好方法。冥想能訓練各位把心神專注在當下，把注意力慢慢從「無聊」的感覺轉移到尋求當下的平靜與喜悅。透過練習冥想，各位能學會不受外界的刺激干擾，以放鬆的心情專注在當下，而不必另謀其他事物趕走「無聊」。

在培養強大心理韌性的路途中，必少不了**無聊**一路相伴。「無聊」也是心理韌性養成的一部分。很重要的是，我們要知道「無聊」並沒有什麼負面的意涵，在練習和精進各式技能的過程中，你我應學會敞開心胸接受「無聊」的存在——畢竟這代表我們即將鍛鍊出驚人的實力。

練習十六

一講到「無聊」時，通常會讓各位聯想到哪些感覺呢？請把你想到的感覺——正面也好，負面也罷——一一寫下來。我先來舉些例子：

- 焦躁不安
- 沮喪
- 沉著冷靜

- 心滿意足
- 易怒
- 愉悅
- 罪惡感
- 樂觀的態度
- 悲觀的態度

接下來，請各位重新調整對這些負面情緒的看法。

舉例來說，若你一無聊就會感到焦躁不安，務必好好探究「焦躁不安」情緒的來源。也許你從小到大就被灌輸一個觀念：空閒時間根本是毫無用處。所以你必須一直找些事來做，絕對不能讓自己停下來。若各位不安的來源正好是這樣，那麼不妨調整自己對「空閒時間」的看法，把空閒時間看成一段**休養期**——此時的你可藉此機會放鬆一下，替自己充充電。

練習所需時間：十分鐘。

如何從失敗中學到寶貴的經驗？

「失敗」既是一位教導有方的良師，也是一位冷酷無情的嚴師。你我能從失敗身上增加哪些見識，體悟到什麼意義，端看我們從失敗中學到了哪些寶貴的經驗。

若我們把失敗看成是對自身能力與技術的貶低，我們會漸漸變得害怕失敗。我們會開始覺得自己不夠格、是個能力不足的人。對失敗的恐懼也許會日漸在你我心頭生根，讓我們再也不願意勇敢冒險。

相反的，若我們認為「失敗」不過是某次的結果，無涉自身能力的貶低，便能將失敗看成是幫助你我改善做事流程的良機。這時的我們不會因為**這次**沒有成功就覺得自己不夠格，而是會好好彙整失敗的經驗，重振旗鼓再來一次！

我們對「失敗」的看法，會深深影響人生許多層面，例如情緒、想法和我們最終的反應。你我如何看待失敗——進而從失敗中學習到哪些經驗——將能決定我們面臨人生挫折時的反應：不是半途而廢，就是堅持不懈。

請各位細讀傳奇球星喬丹的以下這番話：

「在整個職業生涯中，我投了九千多個沒進的球，輸掉將近三百場比賽。大家對我寄予厚望，但我失手了整整二十六次。我經歷了一次又一次的失敗——但這正是我成功的祕訣。」

若換成是其他籃球員，在細數自己這些失敗的紀錄後，恐怕會有和喬丹截然不同的解讀：其他人可能會覺得自己是個表現很差的籃球員，這輩子不太可能再練出精湛的球技，甚至會考慮放棄籃球。

容我重申一次，我們對失敗的看法，決定了我們能從失敗中學到什麼。若能以適當的態度面對失敗，失敗能讓我們進一步鍛鍊出強大的心理韌性。

「失敗」能如何改善你我的心理韌性

各位可能也聽過這句話：「凡殺不死我的，必使我更強大。」這句話通常是用來講深沉的悲劇和巨大的不幸，但其實也可以用在「失敗」的經歷上。若我們把失敗解讀為「不過是某件事的結果罷了」，這樣的想法會讓你我更堅強，縱然經歷了一次又一次的失敗，我們也會愈來愈能淡然面對可能萌生的負面情緒，不輕易隨之起舞。

在這整個過程中，當我們面對不確定時，我們會變得愈來愈勇敢。雖然犯錯或是做了個錯誤的決定後，的確會面臨到負面的結果，但我們也愈來愈不害怕了。一個負面的結果不過就是個「結果」而已，我們反而能從中記取教訓，讓自己再進步。

若我們愈能改變對失敗的看法——「失敗」不過是一件事的結果罷了，失敗不代表自己能力不足——我們會變得愈來愈勇敢，最終會鍛鍊出無懼的心態。從每一個不盡如人意的結果中，我們都能留心到有哪些值得學習的經驗，從而記取教訓；日後面臨挫折與不幸的打擊時，這樣的心態能強化我們的心理復原力，讓自己愈來愈勇敢。

在**「態度」對心理韌性的影響**中，我們探討過擁有成長型思維的重要性。我們是否願意且準備好從失敗中學到寶貴經驗，其實恰和成長型思維的概念有異曲同工之妙：想要不畏風雨堅持下去並取得成功，必須接受自己的不完美，肯定自己能學會所有成功必備的技能。

這樣的態度會影響到你我人生的每個層面，包含學校、職場、與朋友和家人之間互動的決定與行為；面臨情緒困擾以及人生突如其來的挑戰時，態度會影響你我的反應。當我們能從失敗中學習到寶貴的經驗時，便更能培養出強大的自我覺察能力，以及處理壓力和克服困難的能力。

每次「失敗」後都該學到的五堂課

所以我們**到底**該從失敗中學到哪些正確且寶貴的經驗呢？要如何確定自己真的有善加利用「失敗」，汲取教訓呢？只要各位願意將「失敗」看成邁向進步與成功的契機，以下五堂課能讓各位受益良多！

第一課　成功往往是由無數次的失敗累積而成

人稱「全壘打王」的棒球界傳奇巨星貝比．魯斯（Babe Ruth）其實也有個「三振王」（Strike Out King）的稱號。他曾說過一句話：「每一次的揮棒落空都讓我更靠近下一個全壘打。」在邁向成功之路上，這位棒球好手很清楚失敗並非終點，失敗不過是一面路邊標誌罷了。

第二課

每一次的失敗都能帶來寶貴的經驗

經驗比成功更有意義。透過各種人生經驗，我們對自己的能力會有更合理的認識，也能更明白自己的局限，進而留意到自己有哪些不足。經驗是自我成長不可或缺的要素。

每當我們達不到自己想要的成果，透過這些失敗的經驗，能讓我們更了解自己所做的決定與行為和最終結果的關係，藉此明白未來的決定與行為。每一次失利的經驗都會讓你我增廣見聞，辦事更有條理；日後縱然成果不盡如己，我們仍能愈來愈堅強。

第三課

「堅持」能戰勝一切

偉大發明家湯瑪斯．愛迪生（Thomas Edison）對「失敗」一詞再熟悉不過了。經過了數千次失敗的實驗後，愛迪生終於成功發明了電燈泡！日後愛迪生曾說過一句話：「我沒有失敗呀！我只是發現了一萬種做不出燈泡的方法而已。」

愛迪生很清楚在面對失敗時，「堅持」便是他邁向成功的關鍵。想要成功，拒絕半途而廢的心比聰明才智、天賦和學歷更重要。

面對失敗時，堅持——可說是強健心理韌性的一大展現——便是戰勝一切的王道。

第四課 恐懼既多餘，也派不上用場

「恐懼」讓我們無法馬上採取行動，而「失敗」又是許多人打從心底最深沉的恐懼。光想到有可能失敗，就不禁瑟瑟發抖；我們也很擔心自己會出糗。而這正是踏出舒適圈之所以困難的原因。

習慣失敗（且能在失敗後仍堅持不懈，勇往直前）後，我們會慢慢地學會以淡然的態度面對不如己意的結果。失敗其實遠沒有我們想像中那麼晴天霹靂。簡單來說，我們會漸漸了解到：是我們自己放大了恐懼。

習慣了失敗，懂得把失敗看成學習與進步的良機，我們會漸漸掙脫恐懼的桎梏，且比較願意為了改善現況，在深思熟慮下決定冒點風險。

第五課

面對失敗的態度，由自己來決定

面對失敗的打擊時，心理復原力最大的敵人就是我們自己的情緒。在**鍛鍊心理韌性**、**做自己情緒的主人**中，我們探討到自我覺察、同理心與情緒控管的議題，而這些概念與我們對失敗的認知更是密不可分。

選擇用什麼樣的態度來面對失敗，是由自己來決定。我們可以選擇接受失敗所帶來的內心負面情緒（如痛苦、恐懼、羞恥、憂鬱等），也可以選擇調整對失敗的**認知**、以正面的情緒解讀失敗的意義。若能把失敗看成一次學習的機會，內心便能激起一些較正面的情緒——如高昂的興致，滿滿的希望、靈感、得意，甚至是感恩之情。這些正面的情緒能幫助你我保持樂觀的心態，相信自己一定會成長和進步。

每個人從小都害怕失敗，但問題是有太多人在成年後仍無法拋開對失敗的恐懼。這份恐懼深植人心，能主宰你我的決定與作為；它讓我們不敢冒險，不敢勇於踏出舒適圈，也讓我們一碰到挫折就撐不下去，只能束手就擒。

若我們能重新界定失敗的定義，改變對失敗的看法，便有機會從這樣的轉念中悟出一些道理。日後當我們碰到任何難關、挑戰與挫折時，改變對失敗的看法能進一步增強你我的毅力。

練習十七

請各位描述一件你的失敗經驗。任何失敗經驗都可以，無分大小，也無分嚴重與否。請寫下當時究竟發生了什麼事，以及自己在當下的決定與作為（或不作為）是如何導致負面的結果。

接下來，請描述一下失敗後你感受到的情緒。當時心中充滿了罪惡感、憤怒和沮喪嗎？

最後，請各位仔細想想：當時其實可以做些什麼來扭轉局勢呢？

先讓我舉一個自己的失敗經驗，提供各位參考：高中時，有一天我決定自學吉他。初期的嘗試與摸索簡直是慘不忍睹，我根本什麼也不會，經歷了一次又一次的失敗。

那時的我常任由情緒主宰自己，一直怪自己怎麼彈不好，且當下一股腦兒的憤怒、沮喪與失望情緒通通都湧上來。想當然耳，這種行為根本沒辦法改善我的彈奏技巧。

最後我決定拋開所有的負面情緒。我接受了自己的負面情緒，也下定決心要繼續學吉他。我每天早上四點半起床，起床後就開始練琴，彈到該出門上學為止。

結果如何呢？我慢慢有所進展，練到我自己很滿意的程度。

現在該換各位講講自己的失敗經驗了。

練習所需時間：十五分鐘。

美國海豹部隊鍛鍊心理韌性的方法

能撐過美國海豹部隊（United States Navy SEAL）的艱辛訓練，在層層關卡中脫穎而出的海豹部隊成員，對所謂「想要放棄的念頭」可說是再熟悉不過了。受訓成員得先在基本水下爆破訓練海豹部隊學校（Basic Underwater Demolition/SEAL）接受為期二十六週的嚴格訓練課程，接著還要通過同樣為期二十六週的海豹資格訓練（SEAL Qualification）。

為了選出最頂尖的人才、組成最精良的部隊，海豹部隊的這套訓練計畫可說是無比嚴苛。平均每七個學員只有一個人能完成結訓，成為海豹部隊的一員。有一點其實和外界的想像不太一樣：海豹部隊的訓練計畫並非著重在體能優勢上。前海豹狙擊手訓練小組教官布蘭登・韋伯（Brandon Webb）曾在《狙擊尖兵：我在海豹狙擊手訓練小組的日子——如何練就百步穿楊的神槍手》（*Red Circle: My Life in the Navy SEAL Sniper Corps and How I Trained*）一書中透露一件驚人的事。布蘭登在書中寫道：「海豹部隊的訓練課程是為了讓擁有健康體魄的男性通過層層的考驗。」

既然沒有特別要求須有過人的體能優勢，為何能成功完成結訓的學員會那麼稀少呢？韋伯在《狙擊尖兵》一書中寫道：

「海豹部隊的層層訓練其實是在考驗學員的心理素質。這些訓練就是一而再，再而三地將學員的心理逼到極限，逼到你夠強悍，夠有能力以滿滿的信心承擔任何任務——不論任務風險高低——或是逼到你撐不了而退訓。」

我們可以從海豹部隊身上學到許多鍛鍊心理韌性的方法。本篇將會探討海豹部隊成員超凡的毅力，以及他們在戰場上遇到危機時的因應之道。

強大的心理韌性更勝於強健的體能

海豹部隊成員必然得擁有一定程度的體能，才能解決任務中面臨的挑戰——畢竟這是個危險而艱巨的職業。但韋伯認為其實擁有一般程度體能的男性就可以通過訓練計畫中的體適能測驗，而成功完成結訓的成員也會不斷地鍛鍊體魄，把體能維持在最佳狀態。

海豹部隊培訓過程主要是在訓練學員的**心理素質**。

在培訓過程中，學員往往會處在極其殘酷且嚴苛的環境中，而在艱困無比的環境下，自然會激起學員的恐懼。這時的他們可能會被自己恐懼的情緒制約，嚇得手足無措，不知如何是好。

許多人認為海豹部隊成員心中沒有一絲一毫的畏懼，但其實這是個大大的誤會。他們也和我們一樣會感到害怕。但海豹部隊成員與一般人最大的差異，便在於他們懂得控制恐懼的情緒，縱然心有懼怕，仍能勇往直前，完成任務——這正是多虧了一項名為「習慣化」（habituation）的心理訓練。

「習慣化」指的是讓人重複暴露在會激起不舒服反應的刺激之下（這裡的刺激便是「恐懼」的情緒）。經過頻繁的接觸後，人會漸漸適應該刺激，如此一來便能漸漸消弭不適反應。透過「習慣化」的訓練，海豹部隊成員將學會戰勝恐懼，好好控制自己的恐懼，以完成眼前的任務。

請各位留意一件事：海豹部隊的訓練計畫旨在鍛鍊隊員的心理韌性，不過訓練內容可從未要求隊員排除恐懼的情緒。訓練旨在幫助成員學會**駕馭**自己的恐懼情緒，以免任由恐懼情緒的擺布；當海豹部隊成員處在各種生死關頭之時，若任憑恐懼的控制，將會大大降低其執行效率。

就讓我們來看看海豹部隊用哪些訓練心法來讓成員做好充足的心理準備，並鍛鍊出強大的心理意志吧！

碰到困難時，海豹部隊所採用的五大心法

海豹部隊採用的都是可以立即上手的訓練技巧。這些訓練著重的是實際運用，而非紙上談兵。接下來，我將和各位分享五項訓練技巧——這些技巧皆是由前海豹部隊成員和現任隊員所述——並向各位解釋該如何將這些技巧運用在生活中。

心法一　練習正面的自我對話

基本水下爆破訓練計畫的其中一個項目便是戴著呼吸裝備待在水下，該訓練又稱「水底求生」。當學員潛入水中後，教官便會撤掉其身上的呼吸裝置，這時受訓學員便得想方設法保持冷靜、解決問題。學會正面的自我對話，便不會在水中驚慌失措，如此一來才能順利通過試驗。

如何運用在日常生活中呢？不論是在職場還是在家裡，每當各位感到驚慌失措時，請務必提

醒自己一句話：我的技術、能力與知識能幫助自己戰勝一切。請告訴自己務必要保持冷靜、放鬆心情，目前的狀況都只是暫時的，只要願意留心處理，一切都會好轉。

心法二

磨練出精湛的實力後，仍得持續練習

每個海豹部隊成員都得精通各式各樣的求生與戰鬥技能，但問題是，他們大部分的時間不是花在戰場上施展各項所長。海豹部隊成員的待命時間很長，如果沒有時時練習各項技能，便很容易生疏；所以海豹部隊成員會一直訓練，以確保隨時可以整裝待發出任務，發揮最好的表現。

運用在日常生活中：為了達成長遠的目標，必然得磨練一些必備的技能；就算各位覺得自己已經精通這些技能了，也請務必持續練習。試著每天都要施展一下這些技能，以確保自己維持在良好的狀態。舉例來說，對一名作家來說，首要技能自然是寫作的功力。但每當完成一本書後，真的會很想擱筆一大段時間，直到該寫下一本書時再重新提起筆來。許多作家——也包含我本人——都會抗拒擱筆的誘惑，要求自己每天都要寫點東西來保持寫作的「肌肉記憶」，以維持在最佳狀態。

心法三

專注在小勝利的實現

海豹部隊成員也和一般人一樣，會為自己設定目標。但光是設定目標，實在很難幫助他們撐過這份工作所伴隨而來的心理上的折磨。為了保持強大的心理韌性、完成自己的目標，他們會練習使用「分層切割法」（segmentation）。海豹部隊隊員會將自己長遠的目標切割為一個一個小單位。舉例來說，與其專注在要完成「二十英里長跑」這個大目標，隊員會先將完成目標的單位縮小，改成「跑到眼前的某顆樹」；跑到之後，便專注在「爬到眼前的那座小丘上」。如此這般不斷向前推進，直到完成二十英里的長跑目標。

運用在日常生活中：請把令人膽戰心驚的計畫切割為一個一個小步驟，再逐步完成每個步驟。理想上來說，這些步驟可以在一天之內順利完成。假設你現在要準備上臺的報告，請先把準備過程切割為一個一個小步驟。把每個該做的步驟寫下來，如選擇報告主題、撰寫內容、準備投影片，與先絞盡腦汁想好臺下觀眾會問哪些問題。各位甚至可以再把「撰寫內容」細分為撰寫「緒論」、「主文」與「結論」。

心法四

意象訓練：在腦中想像自己成功的畫面

海豹部隊成員和世界級頂尖運動好手（如奧運選手）有些共同之處：他們都會在心中反覆演練執行任務的過程，以及在腦中想像成功時的畫面。這是套很有效的方法，因為根據心理學家的研究，大腦其實無法區分「真實發生的經驗」與「想像出來的經驗」。也多虧了這種認知上的漏洞，「意象訓練」可幫助我們一步步邁向成功，並即時遏止恐懼情緒的蔓延。

運用在日常生活中：若各位正為一件必辦事項苦惱不已，請想像出自己做得很好、很成功的畫面。舉例來說，假設身為上班族的你得準備一份重要的上臺簡報，而你現在正為此煩惱、心焦。這時請你閉上眼睛，在腦中想像一下這個畫面：自己正在臺上報告，並按部就班地向臺下講解每一張投影片的內容；報告完畢後，你能很有自信地回答臺下提出的每個問題。想像自己正在經歷這幅滿心盼望的理想畫面。

心法五

預先想好所有可能發生的狀況，並演練因應之道

海豹部隊成員的心理訓練有很大一部分著重在面對困難時，該如何控制心中自然升起的恐懼感。對大部分的人來說，身處逆境會讓人感到悶悶不樂、灰心不已；但海豹部隊成員在任務中碰到的「逆境」可是會出人命的險境！

為了戰勝心中的恐懼，海報部隊得不厭其煩地演練，並預先沙盤推演各種可能阻礙任務行動的問題與狀況。在二〇一一年五月攻入奧薩瑪・賓拉登（Osama bin Laden）的宅院之前，海豹部隊已蓋出一個實際的模擬宅院，讓成員在模擬宅院的環境中進行整整三週的訓練，為正式行動做準備。在這段密集的訓練過程中，他們絞盡腦汁想出各種可能碰到的狀況，模擬各種意想不到的困境，並再三演練各種因應之道。

運用在日常生活中：假設你現在手邊有份正在進行的專案，而你很擔心過程中會出什麼差錯，請預先設想自己可能會碰到哪些困難；或是你正在準備上臺要用的簡報，而用來播放簡報投影片的視聽設備可能在現場會臨時故障。碰到這樣的狀況時，你會怎麼做？又或者報告到一半，

你突然忘記某部分的內容了，到時該怎麼辦呢？臺下觀眾可能問了一個你答不出來的問題，又該如何應對？請各位預先設想各種可能碰到的狀況，並一一演練因應之道。事先盡力做好完全的準備能讓各位對自己解決問題的能力更放心，也更有信心。

每個海豹部隊成員都得有強大的心理韌性，才能克服恐懼，成功完成任務。我們一般人也能善用許多海豹部隊的訓練方式，來鍛鍊自己的心理韌性。為了有效完成任務，海豹部隊採用了各式各樣的心法，而這些方法也可以幫助我們在日常生活中有效處理各種困難、不確定性與不幸。

練習十八

請各位寫下三個讓你嚇得不知所措、缺乏自信和腦中滿是負面自我對話，以至於無法有所作為的經驗。再請各位說說**今天**的你會如何運用美國海豹部隊的訓練心法來應對從前那三個情境。

練習所需時間：十分鐘。

第三部分

養成強大心理韌性的快速入門指南

走筆至此，本書已探討了許多不同的議題，每一個章節也附上各種練習，這些對想要鍛鍊出強大心理韌性的各位可說是非常重要。不過說實在的，這些分量多到確實一時之間有點難以消化：一翻開這本書，排山倒海而來的祕訣、策略和方法（還有各種練習！）映入眼簾，有可能讓你感到難以招架，不知如何是好！

這種感覺就像是受邀享用自己最喜歡的自助餐，但琳瑯滿目的美饌佳餚瞬間近在眼前，還真讓人有些眼花撩亂、手足無措：該先拿哪一道菜呢？怎樣才能充分享受到自己最愛的佳餚呢？

第三部分旨在幫助各位踏出第一步：首先，讓我們來看看強大心理韌性在生活中的實際運用。透過實際運用的探討，更能了解到良好心理素質絕非紙上談兵的概念，而是應用心理學上重要的議題。想要鍛鍊出強大的心理韌性，我們需要的是經驗談，且應更著重探討運用在實際生活後的結果，抽象的概念則少談些。

緊接著我會和各位分享一項簡單的「十步驟訓練計畫」，讓各位可以馬上開始行動！這套培養強健心理韌性的訓練計畫其實只是初階入門指南，著重在幾大基礎原則；各位在閱讀時一定會想要根據自己的情況擴大訓練內容，調整出屬於自己的計畫。

最後一個階段：當各位開始鍛鍊自己的心理韌性後，便得學會如何維持強大的心理韌性：我們在本書中探討過的所有心理韌性面向，從掌握自己的情緒到做好心理準備，這些面向組合在一起，就像是人體上的一塊塊肌肉。愈常使用的肌肉，就會練得愈來愈壯；反之，若愈不常使用，肌肉則流失得愈快。在這最後的階段，我會和大家分享一些能幫助各位維持和鍛煉「心理韌性肌肉」的祕訣。

廢話少說，一切就要接近尾聲。就讓我們來實際運用這一路走來學到的方法吧！

強大心理韌性在生活中的實際運用

「心理韌性」一詞在概念上可說是清清楚楚又簡單明瞭。但若光談心理韌性的概念，很容易就流於空談，難以用在真實生活中。如此一來，談心理韌性其實就和談其他話題沒什麼兩樣，如怎麼提升自我覺察與個人魅力、變得更勇敢、更有信心、變得沒那麼內向等話題。既然想自我提升，若不知道該如何實際運用在生活中，那麼自我提升的目標——先假設這是個有意義的目標——也不過是虛無飄渺的概念罷了。

本章就是想要處理概念與實際運用上的落差。我會先探討在人生各種不同層面中，為何在逆境中保持強大的心理韌性能讓你我受益良多；接著我會舉出各種例子來闡述心理韌性的諸多面貌，並和各位分享如何運用心理韌性得到大大的收穫。

有些人可能會覺得有些例子看起來太瑣碎。但其實這也是本章想強調的一大重點：逆境無分大小，碰到再多的困難，擁有強健的心理韌性都能讓你我有大大的收穫！想要鍛鍊出強大的心理韌性，開始行動是不二法門！每個人面臨的狀況都是獨一無二的，各位一定能想出許多不同的方法妥善運用毅力、衝動控制、心理素質與良好的心理準備來應對人生各種挑戰。

就讓我們從日常生活開始談起吧！

在家時

一想到待在家裡，我們往往會聯想到舒適與放鬆的感覺。但其實家裡——就和外面其他地方一樣——也會發生棘手的狀況。由於沒辦法掌控所有發生在自己身上的事，故我們常常不得不打起精神，處理那些考驗你我耐心與決心的麻煩狀況。

舉例來說，若各位家裡有小孩，應該會很熟悉那種時不時就出現的沮喪、挫折感；或是假設你遍尋不著一件珍視的傳家之寶，之後卻赫然發現那件傳家寶是被家人不經意扔掉了；又或者正當你想要好好讀一本書時，附近工地傳來的陣陣噪音讓你完全無法專心看書。

這些狀況都能激起許多負面情緒，而這些負面情緒有可能進一步堆疊出更多無濟於事的負能量。想要養成強健的心理韌性，就得學會控制好這些情緒：各位得忍受壓力的考驗，就算環境再惡劣、再讓人不快，也得適應環境。

在職場

職場也會成為沮喪、痛苦、失望的溫床。想想每天在職場上得和多少形形色色的人打交道，且每個人不僅脾性各異，還會隨著個人的心情起起伏伏。職場簡直就是個危機四伏的叢林！

除此之外，職場上還可能遭遇各式各樣的挫折，如工作無法在期限內完成、業績未能達標、以為自己會被升職但結果卻事與願違等。工作時還得留心微妙的辦公室政治——獎懲無分大小，何人獲拔擢、何人被懲處，獎懲的分配透露了誰是辦公室裡目前得意的紅人，誰是失勢的失意人。

想要在這樣的環境保持頭腦清醒，關鍵就在控制好自己的情緒。關掉內在自我批判的聲音（你的同事會迫不及待來接替這個聲音的）、保持正面的心態，以及為自己小小的勝利喝采也很重要。請各位謹記：強大的心理韌性是來自於你的內心，而非來自他人的肯定。

身為自由工作者

若你是自由工作者，你對挑戰、挫折和其他棘手的狀況想必不陌生。自由工作者之路並不好走，要和難搞的顧客打交道、追回欠款，和同業競爭時又會覺得自己能力、資格和天賦皆不足。

想要當個成功的自由工作者，得具備強大的心理素質。

自由工作者若是情緒脆弱，工作時便會常常感到心力交瘁。情緒過於敏感、脆弱的人會時不時懷疑自己的能力，總覺得自己力有未逮。「自我懷疑」就像一個深淵，有時會讓人深陷其中，久久不能自拔；特別是碰到客戶抱怨、不斷要求改東改西和遲交款項時，很容易讓人陷入自我懷疑中。

擁有強大心理韌性的自由工作者，則較能游刃有餘地處理各種困難與挑戰：這樣的人有能力擺平難搞的客戶，有效與之共事；面對改東改西的要求時，能用專業的態度回應客戶；追回遲交款項時，也能展現滿滿的信心。

「強健的心理韌性」或許是自由工作者的最佳良伴！

在學校

一般人大概很少想到「學校」也是個需要你我具備強健心理韌性的環境。但其實學校和職場幾乎並無二致，也會是個痛苦、失望、焦慮與絕望的溫床。尤有甚者，學校內錯綜複雜的人際互動關係更像個危機環伺的社會叢林。

在這樣的場域下，心理韌性又能扮演什麼角色呢？

當你該用功讀書、準備考試，但當下你又很想睡回籠覺時，就得拿出衝動控制的能力；明明自己已投注了大量心力在做報告，報告成績卻一場糊塗，這時的你需要擁有情緒控制的能力。想要突破種種難關與挑戰、準時完成作業，「正面的心態」便是你我必須具備的能力。

有時學校所帶來的心理壓力更甚於職場。具備強大的心理韌性，能幫助學生學會管理自己的壓力、適應逆境，甚至在面對霸凌時，能讓自己變得較不容易受到心理傷害。

在競技運動領域

若各位有參與競技運動，應該早就清楚具備心理韌性（或缺乏心理韌性）對運動表現的影響，但這裡還有些議題值得你我一探究竟。

在練習的過程中，各位的身體和心理可能會疲累到很想放棄訓練。在這彷彿全身心力耗盡之時，仍能讓各位勇往直前、撐下去的關鍵，就在恆毅力與決心。

而在競賽的過程中，各位可能也會經歷自我懷疑。你會開始質疑自己和自己的能力：我的實力真的能和競爭對手匹敵嗎？對手會不會其實實力更堅強？速度比我更快？比我更威猛、更強大？當這些問題一一在腦海中浮現時，你會開始感到焦慮不安，難以集中精神，甚至會覺得自己不如對方。

擁有良好的心理韌性能幫助我們保持冷靜，全心專注在自己的表現上。在腦中想像一下自己成功的畫面，能讓你我擺脫自我懷疑的桎梏。「努力」能讓我們對自己的實力充滿信心；對自己夠有信心，就能搞定心理壓力。一個擁有強大心理韌性的運動員會相信自己，並保持正面樂觀的心態，瓦解負面的自我對話，縱然前方險阻重重，仍能有良好的表現。

心理韌性與目標

設定個人目標是非常重要的，因為有目標才有前進的意義與動力。有了明確的目標，不僅能幫助你我專注在想要達成的事情上，還能為我們指引方向；了解努力的方向後，能讓我們做出更好的抉擇，採取更堅定的行動。

但問題來了：想要達成目標，其間所需付出的心力其實很違反人內心的衝動。舉例來說，假設你的目標是一週要上健身房運動五天，但你一定有很不想運動，只想窩在沙發上看Netflix追劇的時候。

假設你的目標是減重二十磅，而且你已經下定決心要戒掉垃圾食物。但有試過戒糖的人都知道（又有誰沒試過呢？），你我對垃圾食物的渴望能有多深呀！

假設你的目標是每天要認識三個人，但若你是個天生個性內向、光想到要跟陌生人自我介紹就嚇得頭皮發麻的人，一定時不時就超想放棄這個目標，想縮回自己溫暖的舒適圈裡。

不論是上述哪個情境，當誘惑一來，讓人不禁想要半途而廢時，擁有強大的心理韌性都能增強各位堅持下去的決心。其實想要達成**任何**目標的關鍵多半在於克服自己的心理因素：成功之道無他，靠的是你我抵抗誘惑與衝動的能力。堅持下去、保持自律與控制情緒，有這樣的心理素質才能控制好自己的衝動。

面對人生的重大考驗如離婚、失業，或是至親的逝去時，必得擁有強大的心理韌性。但就算只是要處理生活中一些**比較瑣碎**、**沒那麼重大**的挑戰，心理韌性也很適合運用在日常生活中——畢竟我們每天都得面臨各種不順的小事。這些小事雖說影響較小，但長久累積起來也會成為一股沉重的壓力。

現在讓我們來看看簡單的「十步驟心理韌性訓練計畫」吧！我跟各位保證：好的開始是穩定

的基石；有好的開始，能讓你在心理韌性養成之路上走得更穩、更長久。

十個步驟，打造出強大的心理韌性

「打造出強大的心理韌性」，這說（或是讀）是一回事，但真正做起來又是另外一回事。這個議題涵蓋的範圍極廣，影響也極其深遠，一時之間還真難決定該從何處開始。

本章將會和各位分享一個簡單易學、能快速上手的行動計畫。這個行動計畫共有十個步驟，每個步驟都會處理一項心理韌性的重要原則。不過請各位留意一件事：這可不是什麼鉅細靡遺的強化心理韌性教戰守則。這套行動計畫意在幫助各位朝正確的方向前進，一步一步打造出強大的心理韌性。說老實話，我也沒辦法替各位量身打造出一套無所不包的詳細訓練指南——畢竟強大心理韌性的養成之路因人而異，唯有靠自己掌握幾項基本原則，親身經歷這趟旅程，才能強化自己的心理韌性。

漫漫人生旅途中，難免會碰到各種挑戰、艱辛與壓力源；想要游刃有餘地應對這重重的考驗，必得掌握某些技巧與知識。就讓我們從技巧與知識的養成開始吧！

步驟一

好好思考要如何將心理韌性應用在日常生活中

想要有好的開始，關鍵就在千萬別將「心理韌性」想成一種抽象的概念而已。請各位從現在**開始**這麼想：培養「心理韌性」其實對我的日常生活很有意義。在上一篇章中，我們已探討了無數項心理韌性在生活中的實際應用；現在我想請各位好好思考要如何運用新培養出的強大心理韌性，來應對自己碰到的各種狀況。

想清楚自己究竟為何而努力，才會更容易達成心中的目標與抱負。所以請問問自己：**為何**想要培養出良好的心理復原力呢？擁有良好的心理復原力，能為生活帶來怎樣的改善？舉個例子來說，具備良好的心理復原力，能幫助自己控制飲食，抵抗垃圾食物的誘惑嗎？能讓自己培養出強大的自律能力，每天運動嗎？當摯愛的家人即將離你我而去時，得擁有強健的心理素質，才能好好應對悲傷與失落。擁有良好的心理復原力，是否能讓自己具備強健的心理素質呢？

強大心理韌性的養成絕非易事。先弄清楚自己努力的目的，能讓自己在面對挑戰時仍繼續堅持下去。

步驟二

將大目標切割成一個一個小目標

各位對「設定目標」一事絕對不陌生。其實你們之所以會讀這本書，就是因為各位覺得「自我提升」乃一大要事，而沒有目標的人是很難提升自我的。

話雖如此，光是**設定**目標，甚至是設定**正確的**目標，其實都還不足以提升自我。想要提升自我，關鍵就在把自己的大目標切割成一個一個容易上手的小目標。在**美國海豹部隊鍛鍊心理韌性的方法**一章中，曾探討過目標的「分層切割法」——海豹部隊成員就是用這個方法挺過工作時的各種心理壓力，讓自己不被壓力擊垮。

在跑馬拉松賽事時，跑者也會使用同樣的「分層切割法」。當選手跑到身心俱疲時，這時的他們不會心心念念遠在天邊的終點線，而是專注在眼前的點；當他們抵達這個點後，才將專注力放在下一個點。跑者會一遍又一遍重複這個方法，且堅信自己最終會抵達終點線。

當狀況變得愈發困難時，為了抵抗心中想要半途而廢的欲望，請各位把大目標切割成一個一個小目標。

步驟三

把棘手的「挑戰」視為提升自我的「良機」

想要培養出強大的心理素質，端看你我是如何看待自己當前的處境。若將逆境與不幸視為洪水猛獸，認為自己根本無力與之抗衡，便很容易灰心喪志、束手就擒；相反的，若將逆境與不幸視為人生學習的良機，便更能以正面的態度面對挫折。這一切都取決於你我是如何看待種種充滿挑戰的情境。

舉例來說，假設你是位自由工作者，而現在你正和一位潛在客戶討論一項專案。討論到最後，客戶卻裹足不前，直接拒絕你的提案。在這樣的情境下，如果各位很習慣在碰到挫折時就陷入自憐自艾的情緒，你可能會馬上對自己的能力與技術有所質疑。長此以往，各位可能會開始覺得自己一無是處，想要離開這個行業。

但假設各位能正面地看待這位客戶的拒絕。例如，也許你能將這次的事件看成自己對價格的堅持（如較高的開價，便會有更優質的客戶）；或者你會將這次的經驗看成自己對某些原則的堅持（如有些工作你願意接，但有些工作你就是不願意接）。透過調整自己對逆境的看法，我們能決定自己將從挫折中學到了什麼——面對挫折的打擊時，究竟是從此一蹶不振，還是愈挫愈勇，關鍵就在心態能否有所轉變。

步驟四 練習控制自己的負面情緒

情緒智商一詞牽涉的範圍極廣，許多學科和專題領域都會處理到「情緒智商」的概念，如同理心、自我覺察與自我調整。這些議題並不在這裡的討論範圍內，不過我們仍可細究該如何控制自身情緒，並從中學會控制情緒，而不必在摸索的過程中跌跌撞撞，迷失了方向。

在**鍛鍊心理韌性、做自己情緒的主人**一章中，我們曾談到有負面情緒是很正常的事。其實負面情緒有時不僅能激勵你我保持專注力，也能做為提升自我的動力。但問題就在於，負面情緒如焦慮、憤怒與恐懼有時也會把我們嚇得不知所措、動彈不得。「負面情緒」只要有一些些便足矣，太多的負面情緒反而會迅速壓垮你我的身心。

我們不僅不該壓抑自己的負面情緒，反而是該學會**管理**自己的負面情緒。管理負面情緒最好的方法便是問問自己：這些感覺是否合乎邏輯？是否有道理？答案若是肯定的，那麼當碰到困難時，這些感覺便能進一步促使你我採取有效的行動，做出適宜的決定。

舉例來說，假設你的退休投資組合表現的一場糊塗，共跌了百分之二十五。這時的你既生氣又憂心，擔心這些投資無法讓自己過上安心的退休生活。請各位先停下來！深呼吸，接著問問自己一個問題：我的這些負面情緒是合理的嗎？畢竟從過往歷史來看，市場狀況緊縮一段時間後、通常仍會回升。持續好幾年的市場衰退（如熊市）其實少之又少。

對市場經濟有了這樣的認識後，便比較容易管理好自己的憤怒與憂慮情緒：這時的你不會被負面情緒嚇得不知所措，而能藉此做出適當的決定，採取明智的行動（如重新配置自己的投資標的，把資源放在更有前景的標的上）。在這個例子中，你的憤怒與憂心**提醒**你該做些其他的決定。這些負面情緒不會擊垮你，反而能**激勵**你有所行動。

管理好負面情緒當然不會每次都那麼簡單。但若各位愈常用這個技巧，便愈能熟能生巧。

步驟五
意象訓練——想像自己成功的樣子！

這項步驟很簡單也很容易上手，具體操作方法如下：每當各位準備好要做某件事時，請先閉上眼睛，在腦海中想像自己表現得無懈可擊的畫面。接著再請各位想像若碰到各種挑戰時，自己能如何因應。

在腦中預演自己的表現有兩個很重要的作用：第一，這個方法能訓練各位對成功有所期待。吉姆·阿弗雷默夫（Jim Afremow）曾在《年輕冠軍心理學》（*The Young Champion's Mind*）一書中寫道：

「……大腦無法每次都區分出『真實事件』與『生動想像出的經驗』的不同。因為這兩者在大腦中所用到的各式系統都是一樣的。」

當各位在腦海中想像一幅自己表現成功的畫面時，你的大腦會覺得這樣的想像是真實的！因此，透過這樣的「意象訓練」，確實能提升各位成功的機率——所以世界級的頂尖運動員在比賽前都會做意象訓練。既然意象訓練能幫助到運動員，我相信這個方法也能幫助到各位。

在腦中反覆預演、模擬實況還有第二個作用：讓自己對場上每個可能的突發狀況都先有心理準備。當你能預先設想自己臨場該如何應對許多不同的狀況時，其實就是在訓練自己的反應能力，讓自己的反應再更快些。透過意象訓練，各位能在正式上場前便預先想好可能的因應之策，而不必再像從前碰到狀況時，被迫臨場發揮，或者當下才慌忙決定合適的應對策略，也能在場上遇到波折時，花更少時間評估自身處境，更能快速恢復狀態，捲土重來。

步驟六

管理好自己的「內在自我批判」

水能載舟，亦能覆舟——「內在自我批判」和負面情緒都有這樣的特質。究竟是敵是友，端看你我對「內在自我批判」能有多大的控制力（想了解更多有關內在自我批判的聲音，以及如何關掉內在負面批評的聲音，請參閱**心理韌性與我們的內在自我批判**一章）。

「災難性思考」便是內在自我批判的一大殺手鐧。人若抱持這樣的思維模式，會凡事往最壞的方向想，認為每件事的結果一定都會很糟糕。這樣的想法其實一點都不合理，而當我們碰到挫折時，災難性思考會讓你我裹足不前，不敢向前衝。

舉例來說，假設你想要戒掉含糖食物。但有一天你實在抵抗不了誘惑，便吃了一個甜甜圈。這時，心中的「內在自我批判」會千方百計嚇唬各位，並在耳邊對你低語：這一個小小的錯誤會帶來非常嚴重的後果，你永遠沒辦法維持良好的健康飲食習慣，你一定會胖得不成人形，會懶到令人不忍卒睹，會淪為每個人的笑柄。而且最糟糕的是，你親自證明了自己注定會失敗。

各位的「內在自我批判」邪惡起來真是很可惡呀！

各位可多練習正面的自我對話，來學習控制這種負面的內心獨白。但這可不是叫各位自欺欺人！而是要懂得如何善用正面思考的力量——肯定自己的長處、願意承認自己的弱點，以及相信自己真的具備改善弱點的能力。久而久之，你的「內在自我批判」會發現自己成了孤家寡人，沒人會管他的喃喃低語了。

步驟七
融掉自己的「情緒冰山」

「情緒冰山」（emotional icebergs）指的是你我的個人信念：包含如何看待自己、看待身邊人該有哪些行為，以及在茫茫人海中的自我定位。但我們都只能一窺冰山的一角。情緒冰山就像真正的冰山，絕大部分都隱沒在表面之下，只露出一小角。故我們往往無法辨識出來，就算是負面情緒，我們也看不出來。

以下便是情緒冰山的例子：

- 「我做每件事都應該要做到很完美。」
- 「人生應該要是公平的。」
- 「如果我失敗了，那一定是因為我是個失敗者。」
- 「表露出自己的情感便是懦弱的象徵。」
- 「我為父母做了一些事，他們應該要感激我呀。」
- 「我的同事應該要尊重我。」
- 「我永遠都要避免衝突的發生。」

「情緒冰山」會逐漸吞噬你我的心靈，這些冰山十分狡猾，行事又極其隱祕，能神不知鬼不覺地漸漸瓦解你我的決心、恆毅力與衝動控制能力。尤有甚者，許多情緒冰山源自於童年時期，故早以深深嵌在心中。

但我們有能力融掉這些情緒冰山——「祕訣」也是正面迎擊，挑戰這些情緒冰山；就像當

「內在自我批判」又在耳邊咕噥那些荒謬的言論時，我們會直接挑戰「內在自我批判」的聲音。下次當各位注意到自己的大腦又不自覺地用負面的態度應對逆境的挑戰時，請先停下來，好好想想背後的原因。

舉例來說，假設你不小心惹火了某人，而你急著想緩和彼此的關係，此時你認為自己的首要之務是確保對方不會再生你的氣。但請各位先暫停一下，並好好問問自己為何會想要這麼做。是不是因為你覺得每個人都要喜歡你（這是個常見的情緒冰山）？答案若是肯定的，就請問問自己：這樣的想法合理嗎？會不會其實一點都不合理？

透過時不時挑戰自我的情緒冰山，我們便能漸漸融掉它；當冰山變得愈來愈小，也就沒那麼難對付了。

步驟八

練習從逆境與失敗中站起來

請問你有沒有見過那種遭受命運的打擊後，仍能迅速打起精神重新站起來的人？他們捲土重來看似輕而易舉、毫不費力，各位也許曾在心中納悶：這些人究竟是如何辦到的？

其實這些人很有可能練習了無數次該如何從失敗中站起來，而練習的過程更是培養強大心理韌性之一大關鍵。

沒有人天生就知道該如何從失敗中站起來；這項能力並非與生俱來，而是透過後天學習、訓練而成。從人生經驗中我們會漸漸發現：「失敗」往往沒那麼可怕，又不是什麼天崩地裂或世界末日。在人生的旅程中，跌了一跤也沒關係，重新站起來、撢掉身上的灰塵後，你便可以繼續向前走。

熟能生巧。多練習幾次，站起來的速度就愈快。

想要快速從失敗中站起來，有兩大關鍵：第一，我們得直接迎戰內心的負面想法，向這些負面想法說不；第二，得學會重新肯定自己的能力、創意與自我價值。

舉例來說，假設身為上班族的你搞砸了一場上臺報告：若各位易受負面想法左右，恐怕早已被內心的自我譴責折磨到不成人形。你可能會覺得自己一無是處、不夠專業、根本不夠格來報告或是指導他人。所以你可能會下定決心自己永遠不要再上臺了。

但若各位對「失敗」的看法與上述的假設截然不同，當內心浮現出負面想法時，你能馬上對負面想法說不，因為你很清楚這些負面想法都不是真的！然後你會馬上提醒自己：我是個專業度高、博學多聞、創意滿滿且足智多謀的人。擁有正面心態的你能很快從失敗中站起來。而且一旦搞清楚這次的報告為何失敗後，你堅信自己**下次**一定會成功完成報告！

愈常練習如何從失敗中站起來，便愈不易被失敗搞得垂頭喪氣。久而久之，你會發現自己跌倒後能自然而然地站起來，撣掉身上的灰塵，打起精神繼續勇往直前。

步驟九
培養自律與恆毅力的習慣

在**「意志力」與「動機」所扮演的角色**一章中，我們了解到意志力和動機雖也是強大的動力，但實在靠不住。若想在風雨中堅持下去，熬過重重難關，「意志力」和「動機」這兩者皆不足恃。建立一套套常規和儀式、養成自動自發的好習慣更能幫助你我堅定自身決心，勇往直前。

不知各位有沒有這樣的經驗：早在鬧鐘響前，你就已經醒來好幾分鐘了，但你就是爬不出那溫暖的被窩。過沒多久鬧鐘果然響了，你也只好摸摸鼻子起床。在這樣的情境下，「鬧鐘聲響」會敦促你我自動自發做好早上的例行公事：洗臉刷牙、沖個澡、換好衣服、喝杯咖啡。這套常規便是由一連串的好習慣積累而成。養成習慣後，就算踏出第一步還是滿痛苦的（爬出溫暖的被窩），你仍會自動自發完成這一連串的習慣。

在**心理韌性與我們的習慣**一章中，我曾提到若得克服眼前的難關，「好習慣」比「意志力」和「動機」更為可靠。良好的習慣不僅能幫助你我保持冷靜，穩紮穩打繼續前進，控制好自己的衝動，還能讓我們懂得延遲享樂，把全副心神專注在眼前的困難上，而非向誘惑俯首稱臣。

假設你很想要每天晚上下班後去跑步。辛苦一整天，終於下班了，但這時的你忍不住想懶洋洋地癱在沙發上看電視。不過如果你養成了每天下班一回到家後，就馬上套好慢跑裝備（穿好運動鞋、短褲和T恤）的好習慣，這套行為會深深烙印在大腦中，讓你自動自發慢跑去！建立起這樣的好習慣後，各位就比較能抗拒沙發和電視的誘惑，在下班後毅然決然地出門慢跑。

當我們在生活中碰到挑戰和不如意時，擁有良好的習慣更能支撐你我度過重重難關。請務必養成好習慣，當日後身處低潮、面臨壓力時，具備好習慣的人更能堅持下去，不易輕言放棄。

步驟十

為自己小小的勝利鼓鼓掌

人往往著重在最終結果究竟為何。舉例來說，念大學時，我們慣以學業平均成績論優劣成敗；進入職場後，則以是否升到自己夢寐以求的職位論成敗；若想要減重，則會心心念念自己到底有沒有達到最終的體重數字。

一心一意關注最終的結果，這份執著雖也值得讚賞，但這樣一來會讓你我忽略自己一路走來曾完成的小小勝利。當遭遇阻礙和挑戰時，這些小小的勝利能支撐你我堅持下去，它的重要性不言而喻。

舉例來說，假設你為了減掉三十磅，正努力控制飲食、規律運動。減掉三十磅絕非易事，得耗費各位許多心力才能成功達到目標。若你在減重的過程中不小心破戒了（如吃了一根棒棒糖，或是有一天沒去運動），你可能會對自己很失望，失望到實在好想放棄。若一味著重在遙遙的「終點線」上，稍有失誤的你便會覺得目標離自己好遠，彷彿永遠不可能到達。

但若你願意花些時間，為自己小小的勝利鼓鼓掌，便會有截然不同的感覺。請為一週四天往健身房報到的自己喝采；若能連續三天維持健康飲食，請給自己一點獎勵（如租一部自己很想看的電影）；**今天**若有成功抵抗垃圾食物的誘惑，就看一集自己最喜歡的情境喜劇吧！

無論各位的目標為何，學會為自己小小的勝利鼓鼓掌，能讓自己的心情變得更好。當日後你我感到不如意時——不論是身體上還是心理上——常保愉悅的心情能激勵我們堅持自己的夢想。

各位現在手中有一套行動計畫了！這十個步驟能幫助各位開始打造出強健的心理韌性，並在面對不如意與挫折時也培養自己的恆毅力、決心與毅力。

那下一步又是什麼呢？擁有強大的心理韌性後，接下來要面對的挑戰便是如何維持這份心理韌性。若人生有段日子剛好一切順遂，沒有什麼挫折、阻礙和不如意，剛鍛鍊出的強健心理韌性就像肌肉一樣，是會「消風」的。我將會在下一個章節探討相關解決之道。

如何維持強大的心理韌性

想要鍛鍊出強大的心理韌性，一大關鍵就是必須學會「認知重建」。「認知重建」指的是學會質疑自己心中所有負面與不正確的想法、態度和情緒。在認知重建的過程中，各位會改變自己看待世界的看法，並調整自身定位。學會「認知重建」後，當碰到各種狀況時，你便不再會任憑大腦的自動化思考所左右，輕易信以為真而做出自動化的反應，而是懂得審慎檢視腦中的負面想法。

若想要持續維持強大的心理韌性，那麼就算學會「認知重建」，也絕不代表各位可以一勞永逸。各位得持續（希望你能做到）練習「認知重建」，時時監測自己腦中的想法，並不斷檢視這些想法究竟合不合理。

漫漫人生旅途中，自然會有風平浪靜、沒什麼重大挫折或不幸的時光，一切都順順遂遂的。但問題就在於，「心理韌性」其實就像肌肉一樣，需要持之以恆的訓練來維持。若我們忘了持續鍛鍊自己的心理韌性，心理韌性也是會「消風」的。不過幸好我們可以透過一套簡單上手的「心理韌性健身計畫」，輕鬆防止心理韌性消風！以下列出的八項練習，能幫助各位在日子過得順遂、沒有什麼心理和情緒壓力時，仍然維持強大的心理韌性。

維持與加強心理韌性的八項練習

這些練習操作起來容易上手，不會花各位太多時間——乍看之下也許微不足道，但請千萬別低估了這八項練習所共同帶來的影響。若能每天撥些時間來做這些練習，將會大大影響各位的想法與情緒。

練習一

簡單冥想即可

我希望各位練習的冥想，不是那種需要水晶傍身、口中喃喃唸出咒語，或是強化自己海底輪的冥想；這裡的冥想，只需要各位閉上眼睛、靜坐幾分鐘，並專注在自己的呼吸上。我希望各位能專注在當下。

透過簡單冥想，我們能暫時拋開身邊的紛紛擾擾，從各種死線、期待與其他壓力源中稍稍探出頭來、喘口氣。簡單冥想讓我們有休息的機會。

科學也證明了冥想與大腦運作、心理韌性的養成息息相關。研究顯示冥想能大量刺激前扣帶皮層（anterior cingulate cortex）[1]的活動，而這個腦區有助於你我的專注力控制、決策行為、衝動控制和情緒反應。

任何地方、任何時間都可以進行簡單冥想的練習。只需要靜下心獨處一會兒，五分鐘就好。如果周遭環境吵雜，戴上一副便宜的耳機即可！

練習二

問問自己：「最糟的狀況是什麼？」

就算生活過得一帆風順、一切都順順遂遂，腦子裡可能還是會浮現一絲自我懷疑。這時，你會在採取行動前開始不時忖度自己所做的決定，整個人猶疑不定，深怕自己會犯錯。

自我懷疑其實是很正常、能帶來益處的心理狀態。適量的自我懷疑不僅能幫助我們做出合適的決定，還能適時激勵自己要全力以赴，以及幫助我們避開負面的結果。但水能載舟，亦能覆舟，自我懷疑也能把我們嚇得手足無措。自我懷疑能占據你我心頭、散播恐懼，讓人變得優柔寡斷，反而成了你我的絆腳石。

練習二便是要打破這個現象。當你發現自己又陷入自我懷疑的漩渦時，切莫急躁行事。先緩一緩，再問問自己一些問題：「如果我做了〇〇〇的決定，最糟的狀況會是什麼？」透過回答這些問題，各位會發現其實大部分的錯誤並沒那麼嚴重。所以我們可以勇敢採取行動，就算做錯了也絕不會是世界末日。面對人生各種不確定時，若我們愈常做這項練習，便愈不會落入猶豫不決、遲遲無法下決定的狀況。

練習三

學會冒點險

冒險意味著我們有可能會失敗，光想到失敗的可能，恐怕就會讓你我坐立難安。但其實失敗並不可怕：雖然說失敗往往會讓我們付出一些代價，但不太會是什麼沉重的代價。冒險不僅能讓

1 Hölzel B.K.; Ott U.; Hempel H.; Hackl A.; Wolf K.; Stark R.; Vaitl D. (2007). “Differential engagement of anterior cingulate cortex and adjacent medial frontal cortex in adept meditators and nonmedita tors”. Neuroscience Letters.
https://www.sciencedirect.com/science/article/ abs/pii/S030439400700451X

你我擁有寶貴的經驗，還能讓我們有機會得到美好的收穫。想要完成夢想，就得冒點險。

「認知重建」能幫助你我調整對失敗的看法。千萬別將「失敗」視為洪水猛獸、得千方百計避之，我們應該學會接受這件事：有行動，就永遠會有失敗的可能。其實我們還應該學會這麼想：「失敗」本就是**意料之中**的事。失敗的經驗能幫助我們學到寶貴的一課，知道哪些方式行得通，哪些方式行不通。

每天都來冒點險吧！

舉例來說，假設現在你要去你最喜歡的餐廳用餐，請各位點一道以前從沒嚐過的菜餚；或是你現在在健身房裡，試試看新的健身器材；若你正和朋友待在一塊，試著做些出人意料、連自己都覺得奇特的事（舉例來說，向朋友表達你有多珍視這份友誼）。冒點小險雖也有失敗的可能，但並不會造成什麼嚴重的後果。透過這樣的練習，各位會愈來愈沒那麼害怕失敗，並能漸漸學會將「失敗」視為學習與進步的良機。

練習四

學會放下那些你無法掌控的事

斯多葛學派這句話說得真好。有些事物我們根本無法掌控，故應該學會放手，別讓這些事物盤據在你我心頭。哲學家愛比克泰德（Epictetus）於西元一三五年過世，他曾在其著作《語錄》（*Discourses*）中說道：

「人生首要之務不過如是：學會辨識、分清楚哪些事物我無法掌控，又有哪些事是我能選擇、掌控的。」

愛比克泰德真的是個很有智慧的人。

徒費時間與注意力在那些我們無法控制或影響的事物上，根本是浪費你我的心力。放下那些我們無法掌控的事物，對我們百利而無一害。學會對無法掌控的事物放手，能讓我們靜下心來，好好專注在自己能改變的事情上。

請試試以下方法：

下次當你又在網路上看到一些新聞——如政治新聞或是悲慘的災難事件——請問問自己這個問題：「我對這件事能有多大的掌控力？」答案若是「我無法掌控」，那麼請各位拋開這條新聞，繼續經營自己的生活。如此一來可以減輕心中壓力，蓄積能量來為自己能掌控的事物做些改變，而且在這過程中你可能會睡得更安穩；除此之外，你會發現自己更懂得如何控制情緒，而情緒控管是鍛鍊強大心理韌性的一大關鍵。

練習五

意志力逐漸下滑時，請專注在自己的目標上

在各位的待辦清單上，一定有些是自己很想延期，或是根本不想做的待辦事項。在這種情況下，有時候實在很難堅定心志，好好完成這些自己不太情願處理的事項。這些事項可能很煩人，或是需要我們捨棄（哪怕只是暫時而已）一些做起來比較開心的事情。碰到這種情況時，請各位專注在自己為何得完成這些待辦項目。

舉例來說，假設身為上班族的你現在必須完成一份重要的專案，而你預估要花三小時才能做

完。但你實在不想做這份專案，寧願把做專案的時間拿來瀏覽網路。這時請提醒自己**為何**現在必須做好這份專案。主管是否下達了一個很明確的專案繳交期限呢？還是說，如果沒有完成這份專案，自己就無法參與其他的專案了？同事們是不是指望我準時做好這份專案呢？

當各位缺乏意志力時，這個簡單的心理喊話能驅使你我馬上採取行動。透過專注在事情的目的上——也就是為何得完成這件事——便能激發動力，即刻採取行動。

接下來我想和各位分享一個自己有點傻氣，但又很能驗證這個方法的例子：

我高中的時候，喜歡班上一個女孩子，當時的我很想給她留下好印象。我知道她有在彈搖滾吉他。為了吸引這個女孩的芳心，我就和全天下的青少年一樣，暗自下定決心要練成一個「吉他之神」！所以從那時起，我每天早上四點半起床，持續不斷地練吉他。其實有好幾個早晨我都想躲在被窩裡繼續睡覺，但那時我都會提醒自己練吉他的**目的為何**。然後我會馬上拉開吉他袋，拿出我的吉他，開始練彈。

當你專注在做某件事的目的時，你會發現這個方法竟然能讓自己有些驚人之舉！

練習六

把悲觀的「內在自我批判」換成「內在樂天派」

「內在自我批判」會在各位耳邊喃喃低語一些悲觀、憤世嫉俗，且令人意志消沉的話語。尤有甚者，壞心眼的「內在自我批判」還會極盡貶損你我之能事，嚴厲批評我們。以下這幾句真實性有待斟酌的言辭便是本人的「內在自我批判」老愛對我噴的話：

- 「你不夠聰明。」
- 「你長得好醜。」
- 「你好肥。」
- 「根本沒人會在乎你。」
- 「你把所有事情都搞砸了。」

聽起來很熟悉嗎？我就說吧，「內在自我批判」很壞心眼，講的話一點用都沒有。

我在**心理韌性與我們的內在自我批判**一章中，曾花了不少篇幅探討如何關掉這些惹人厭的內在自我批判聲音。而現在我們要再更進一步：學會把悲觀的「內在自我批判」換成一個「內在樂天派」！

從前在探討該如何關掉內在負面批判的聲音時，我曾教過大家一個關鍵祕訣：勇敢向自我批判討證據。舉例來說，若「內在自我批判」告訴你：「根本沒人會在乎你」，你得理直氣壯地回道：「拿出證據呀！」光是這麼做，便能讓各位的「內在批判」閉上嘴巴。

但現在讓我們再多做一件事——以上述情境為例，請在心中提醒自己生命中的確有那些真的很在乎我們的人。想想自己的親人、朋友，甚至是共事數年的同事。因為我們為人正直、公允、令人信賴且深具責任感，所以這些人很在乎我們。又或者我們為人風趣、富有同情心、能很快原諒他人。不論理由是什麼，重點是因為這些人喜歡待在我們身邊，所以他們很在乎我們。

這便是內心變成「樂天派」的例證。這個方法會影響你我如何看待自己，其中更包含了提升自己給周遭帶來正面影響的能力。

練習七

請經常跨出自己的舒適圈

人往往會不願意離開自己熟悉的一切：我們會一直造訪固定幾間餐廳，和朋友相聚時玩的活動不過就固定那幾種；我們甚至會深陷在一段段不健康的關係中，而之所以難以自拔，多半是因為這段不健康的關係是我們熟悉的狀態。不確定必然帶來不安與不適感，而大多數的人會千方百計避開這種不舒服的感覺。

但問題來了，一味窩在自己的舒適圈裡，會讓你我失去了可能學習到寶貴經驗的良機。若我們永遠不願意嘗試新事物，也不願意冒些已審慎評估過的風險，便是剝奪自己成長的機會。若我們一直極盡所能避開不確定性，便永遠沒有機會好好鍛鍊出強大的心理韌性——強大的心理韌性得經人生各種突發狀況和不如意淬煉而成。

就算我們真的**鍛鍊出**強大的心理韌性，也很容易重拾舊有的壞習慣，窩回原本的舒適圈裡。畢竟沒有人喜歡處於不確定或是不舒服的感覺。人自然而然會偏好舒適圈的可預測性，安全又可預測的環境必然有較低的風險。

但問題又來了，若想要維持剛鍛鍊出的強大心理素質，便不能重拾這個壞習慣。正如前文所述，培養心理韌性就像在練肌肉，需要定時訓練才能維持肌肉。

我建議各位可以先做些小改變跨出目前的舒適圈；面對舒適圈以外的不確定，請各位習慣因不確定所伴隨的不適感。如此一來，便可訓練自己建立這樣的思維：嘗試不熟悉的事物，也不會發生什麼恐怖的事；其實新的人生經驗反而能拓展各式技能，改善自己解決問題的能力，以及對自己能戰勝一切逆境更有信心。

練習八

測試自己精通新技能的能力

學習新的技能也可以（且應該）是種跨出舒適圈的方式。透過這樣的方式，各位會漸漸培養出這個心態：沒有什麼技能是我學不來的，只要努力得夠久，我就能精通該項技能。抱持這種心態能加強你我的心理韌性，讓我們在無壓力、身處順境時，仍能維持住強大的心理韌性。

舉例來說，假設你從來沒煮過一頓餐，光想到要把一堆生食煮成熟食就夠讓人不寒而慄了；而這種害怕的感覺，便是源自於你對「下廚」一事感到非常陌生。

假設從現在開始，你決定藉由「下廚」跨出舒適圈。你下定決心要親自為自己準備晚餐；煮了一次後，真沒想到自己煮出來的料理味道並不差！味道不但不差，還滿好吃的。於是接下來的每個晚上你都會自己準備晚餐。愈常下廚，便會愈善於烹飪。到最後，你會擁有精湛的廚藝！

上述過程牽涉到心理學上的「減敏感法」（desensitization），藉由頻繁地暴露在刺激中，讓自己有機會直接面對，並克服對陌生事物的恐懼。在接觸刺激的過程中，各位反而能漸漸戰勝對陌生事物的恐懼。直接面對會發生什麼事呢？結果你不但能習得一項新的技能，還能提升自信心，相信天底下幾乎沒有什麼是自己學不會的。碰到人生的不如意與陌生的狀況時，這份「相信自己能做到」的信念能幫助你我增強自己的決心與毅力。

鍛鍊出強大的心理韌性固然重要，但這只是第一步；維持強大的心理韌性也很重要！培養良好的心理韌性，對人生各個層面皆大有助益。若將心理韌性比做肌肉，放任好不容易練出的肌肉不用，任憑如此強壯的肌肉就此「消風」就太可惜了。

這些練習旨在幫助各位**維持**強大的心理韌性。只要能好好維持強健的心理韌性，日後不論碰到哪些意想不到的挑戰與挫折，各位都能發揮自己強大的心理素質，克服一切困難。

關於心理韌性的養成，我還想再說幾句話

每個人都會遇到各種挫折與挑戰。人生難免有不如意，但重點在於我們面對低潮的態度。不如意隨時都有可能發生，大多不是你我一己之力可以掌控的。我們可以計畫自己**想要**達成哪些目標，可以列出落落長的待辦清單，甚至可以預先想好自己該如何因應每個可能發生的情境。但說白了，我們無法預知未來，只能靠自己披荊斬棘，走出自己的路。

當老天爺和我們開了個玩笑，或是計畫生變時，我們也只有兩個選擇：要嘛下定決心，適應環境，要嘛意氣用事，任憑自己被情緒左右。在人生任何層面皆擁有強大心理韌性的人，都會選擇前者。

但這並不容易，畢竟沒有人生來就擁有堅強的毅力，也沒有人天生就能做自己情緒的主人，沒有人與生俱來便擁有良好的心理復原力。得經歷了人生一次次的挫折、壓力與痛苦，才能鍛鍊出強大的心理韌性。不經一番千錘百鍊，哪能磨出堅毅的心性；歷經挫折與不適的磨練，會讓你

我更強大。

《極度韌性》旨在化繁為簡，並且最佳化強大心理韌性的養成過程。下定決心要培養出強大的心理韌性後，縱然命運無常，也無法左右各位的心理韌性之發展——你們已決定要掌握自己的發展方向，全力朝自己的目標邁進。

這樣的你，值得喝采。

許多人總以為自己心理韌性很強大，但他們其實缺少了恆毅力與堅忍不拔這兩大不可或缺的特質。很多人整天嚷嚷自己要**變成**一個擁有強大心理韌性的人——而且可能還買了一兩本關於如何強化心理韌性的書——但從不曾踏出第一步。買來的勵志書不是放在書架上積灰塵，就是存在手機或電子書閱讀器裡。

但你和他們都不同。你已讀了這本書，也做完了（希望如此囉）書中的練習。你已下定決心要在關鍵的心理韌性層面上提升自我，讓自己有所成長。各位若能在生活中持續應用書中所學到的方法與祕訣，必能受用一生。

我相信過不了多久，身邊的人會發現你的心態有很大的轉變。各位的朋友、親人和同事可能因為受到你的鼓舞，也決定開始鍛鍊強大的心理韌性。

你喜歡這本書嗎？

誠摯感謝各位撥冗閱讀本書。你我一同探討了許多有關心理韌性的議題，也更了解該如何加強自己的心理韌性。希望對各位來說，這一路走來是趟美好的旅程。我深切期望這書中提到的各項建議與練習，能幫助各位在漫漫人生旅途中克服一切逆境與挑戰。

在這裡，我想請各位幫我一個忙。

若書中有些片段能在各位心中引起強大的共鳴，不知是否可麻煩你們撥些時間，在亞馬遜網路書店上寫個書評呢？讀者的書評對知名作家如大衛・艾倫（David Allen）、提摩西・費里斯（Timothy Ferriss）和瑞・達利歐（Ray Dalio）來說也許沒那麼要緊，但對我等小人物而言則是**舉足輕重**！有了讀者的書評後，便會吸引更多人來讀我的書；你們的書評對仍在觀望的找書人來說是很關鍵的！

之後我若有新書發表（通常會有滿大的折扣回饋），各位也想收到相關通知，請加入我的郵寄名單，網址如下：

http://artofproductivity.com/free-gift/

加入後，各位將會馬上收到《生產力大爆發：想要完成更多的事情，必得培養的十大好習慣》（*Catapult Your Productivity: The Top 10 Habits You Must Develop To Get More Things Done*）PDF電子書檔，全書共四十頁。想要擺脫掉拖延的毛病，培養早晨儀式的習慣，避免自己累到心力交瘁，以及養成極高的專注力等好習慣，各位都可在書中得到實際可行的建議！

若各位有任何問題，或是想和我分享能成功提高個人生產力的祕訣，而該祕訣大大扭轉了您的人生，歡迎隨時在此與我聯繫：damon@artofproductivity.com.。我很樂意聽聽各位的分享！

下次見囉！

戴蒙・札哈里斯

http://artofproductivity.com

心理韌性鍛鍊金句：

- 不要扼殺自己的情緒，而是應該接納自己的情緒，才能做情緒的主人。
- 時時保持隨遇而安的胸襟，靜靜體驗各種突發狀況。
- 「失敗」只是事情的結果，不能憑此斷定你的表現能力不佳。
- 不要忽略自己的弱點，也不要虛張聲勢，而要充分了解自己當下的形勢，在面對逆境時展現不屈不撓的勇氣。
- 學著忍受不舒服。
- 習慣是心理韌性的關鍵。
- 將對自我的「信心水準」評價，建立在實際擁有的能力上。
- 放棄比堅持容易，但「投入」會讓你堅持下去。
- 勇敢問你心中的自我批判：你的證據為何？
- 要嘛什麼都不做，要嘛就專注於眼前的任務。
- 愈能接受自己的情緒，就愈能增強自己的衝動控制能力。
- 失敗是成功的祕訣。
- 自律源自習慣，習慣從小處著手。

「成功人士也會感到恐懼、懷疑與擔憂，但他們不會任憑這些感覺左右自己，阻礙自己前進的方向。」

——T．哈福．艾克（T. Harv Eker），《有錢人想的和你不一樣》作者

在你的心目中，什麼樣的人可以稱做成功人士？是富可敵國的企業家，還是你那過著恬淡生活的鄰居？但不論答案為何，當你仔細思考這些人的共通特質時，都將發現這些特質最終往往會指向本書討論的核心——心理韌性（mental toughness）。

「心理韌性」不僅是種人格特質，它更是一種平衡健康的心理狀態。在生活中，我們總免不了遭遇挫折與挑戰，因此面對起伏時的心態，就成了我們能否順利克服困難的關鍵。然而，這不代表你從今以後就得壓抑心中的負面情緒。相反地，真正內心強大的人能夠擁抱自己的情緒，同時懂得如何不被情緒左右。此外，他們也擁有良好的心理復原力、了解延遲享樂的重要性、能夠掌握培養好習慣的技巧，因此也更自律，對自我充滿自信。

從上述看來，要養成心理韌性並不容易，但心理韌性就像肌肉，人人都可以鍛鍊，而且這本書也將成為你在這條漫漫長路上的最佳指引。本書以簡明的寫法，告訴你何為心理韌性、培養心理韌性的關鍵要素與練習方法，並且在最後給你一套鍛鍊計畫，讓你能按部就班實際演練。例如：

- 當你遭遇挫折時，冷靜回想自己當下的反應，並問問自己，將來可以怎麼用更正面的心態面對它？
- 當你經歷負面情緒時，思考它們如何影響你的行為，再想想當這些情緒再度出現時，你可以怎麼做？
- 當你想任憑衝動恣意享樂時，先靜心冥想五分鐘，閉上眼睛，專注於自己的呼吸。
- 當你發現自我批判的聲音又出現時，反省這些打擊你內心的自我對話，然後試著反駁它。……

養成心理韌性就像拼湊一幅拼圖，當你逐漸掌握關鍵要素，包含情緒管理能力、復原力、抗壓力、衝動控制力、自信心、積極態度、自律等，你將發現自己能以更泰然的心態面對生活中的變化。現在就翻開這本小書，以輕鬆有效的方式踏上你的心理韌性養成之路吧！

00360
9 786263 150881
FP2283　定價 NT$360　HK$120
cité 城邦 媒體
臉譜
城邦讀書花園
www.cite.com.tw

心理韌性練習手冊

戴蒙・札哈里斯
Damon Zahariades

許家瑜——譯

練習一

請複習一下書中提到的八個心理韌性養成殺手，並好好想一想目前有哪些「殺手」正在大肆破壞你的認知復原力。
你也許正在和它們其中一個或數個纏鬥，但請都將之一一列在一張索引卡上，並把這張索引卡放在桌上顯眼的位置。

這項簡易的練習能幫助各位特別留意到自己得克服哪些挑戰，才能鍛鍊出強大的心理韌性。

練習所需時間：5分鐘。

我心中的心理韌性殺手……

練習二

Step 1：**當你碰到不順心的狀況時，最常經歷哪些負面情緒？**

這些負面情緒可能是憤怒、絕望、內疚、意興闌珊、尷尬等。不管怎樣，請把最常經歷的負面情緒一一寫下來。

Step 2：**仔細思考自己列的每一項負面情緒，接著請在各項負面情緒旁邊簡短寫下這個情緒如何影響自己的行為。**

當你感到憤怒時，你可能會遷怒旁人、對旁人亂發脾氣；當你尷尬時，可能會讓你萌生退意，而這些會削弱了你付諸行動的能力。

Step 3：**請在每一項負面情緒旁邊寫下自己將來會如何應對這些情緒。**

舉例來說，日後憤怒的情緒又上來時，你可能決定先深呼吸五次；感到尷尬不安時，你可能下定決心要好好檢視心生尷尬的原因，並想想這原因合不合理。

練習所需時間：15分鐘。

我的負面情緒	它對我的影響	我要怎麼應對它？

練習三

Step 1：請寫下最近碰到的五個挫折，以及這些挫折的相關細節。

挫折無分大小，不論是影響深遠的重挫，還是一時的小小磨難，都請你列出來。

Step 2：請詳述自己在每個挫折的當下有怎樣的反應。

是一味地責難自己嗎？還是很氣自己的表現不佳或是決策失誤？

Step 3：請寫出自己當下其實能如何用比較正面的心態來面對挫折。

舉例來說，假設你無法準時呈交一份重要的報告給主管。正面的態度便是承認自己應負延誤交期的責任，重新檢視自己的工作量，並找出更好的時間管理方法。請以同樣的步驟來檢視最近碰到的五個挫折。

完成這項練習後，各位會發現一件事：只要一點一滴、根本地改變自己對失敗的反應，便能大大增強自信，改善日後的成果。這項練習還能帶給我們一個啟示：「失敗」只是事情的結果而已，而非憑此便斷定你我的表現能力不佳。

練習所需時間：15分鐘。

我的挫折	挫折發生的細節	我當時的反應	我其實還可以這樣應對

練習四

碰到意料之外的挑戰時，你通常會如何反應？請寫下來。
是一味深陷在自憐的泥淖中，久久不能自拔嗎？或是內心自我批判的聲音又在叫自己放棄了？還是覺得自己被迫避開或忽略眼下的難題？你會因為對未來的不確定和對失敗的恐懼，而遲遲不敢採取行動嗎？還是當場感到心灰意冷、憤憤不平，大嘆人生真不公平？
或是馬上捲起袖子，做好心理準備，迎向眼前種種的挑戰？

這項練習能幫助各位了解自己目前面對逆境的心態。請記住，無論各位今天面對挫折與阻礙有怎樣的反應，都沒什麼好羞赧的。畢竟這本養成手冊的目標是要讓各位在面對逆境時，能逐漸改變自己的反應與行為。正如書中內文所述，這是條漫長的道路。這項練習的目標只是在幫助各位清楚了解自己當下的心態。

練習所需時間：10分鐘。

碰到意料之外的挑戰時，我的反應是……

練習五

Step 1：請寫下你最近一次因受不住誘惑，進而拖延或是沒做到本該完成的事。

Step 2：接著，形容一下當你決定屈從於誘惑的召喚，滿足一時之欲後，你有什麼樣的感覺？

是心中升起一股罪惡感嗎？還是感到悔恨不已？會因自己沒抵抗住誘惑，憤而懲罰自己嗎？

Step 3：再請你描述最近一次你成功抵擋誘惑，堅定地完成一項重要任務的經驗。

Step 4：形容一下這次的決定讓你有什麼的感覺？

是很滿意自己的決心嗎？還是覺得自己拿回了人生的主控權？

這項練習的目的是想凸顯「延遲享樂」習慣的養成可以替自己帶來好心情。為了達成更遠大的目標，我們努力培養「延遲享樂」的習慣。透過這項練習，會更清楚了解到學會控制自己的衝動能帶來我們更看重的收穫。

練習所需時間：15分鐘。

我最近有哪件事因為受不住誘惑而沒有按時完成？

滿足一時之欲後，我有什麼感覺？

我最近一次成功抵擋誘惑的經驗是什麼？

這個決定給我什麼感覺？

練習六

請寫下三個你想要培養的好習慣，並在每個習慣旁邊列出三件你今天可以開始做的事，以培養想要的好習慣。

舉例來說，假設你想要提升自信。首先，你可能得每天努力和五個陌生人打招呼；第二步，或許在內心自我批判的聲音愈來愈強時，你會下定決心好好審視那些負面的自我對話；第三步，你可能決定要學會對他人說不，並轉而專注在自己的計畫和責任上。

練習所需時間：15分鐘。

想培養的好習慣	我今天可以……

練習七

Step 1：請簡短列出自己最常被哪些情況或事物打擊自信心。

有可能是負面的自我對話、凌亂不堪的工作間、自己蓬頭垢面的樣子，或是人際界線的缺乏。每個人都是獨一無二的個體，所以你列出的清單也是獨一無二、專屬於自己的。

Step 2：請寫下自己能採取哪些行動來減緩每項情況或事物對自信心的衝擊。記得要寫得夠明確！

舉例來說，若深受負面自我對話的困擾，每當內在自我批判的聲音又出現時，你可以努力勇敢面對這些聲音。若心中的聲音告訴自己：「你一定會失敗！」，你可以這樣回應：「哈哈你錯了！讓我來告訴你為什麼。」

最後，請你一次處理一件事。

為了減緩每項事物對信心水準的衝擊，請各位務必採取上述所列的行動。持續不斷地重複便是這項練習的關鍵。

練習所需時間：20分鐘。

常打擊我信心的事	我能採取哪些行動 減緩它對自信心的衝擊

練習八

請寫下五件你今天靠著自己的實力與技術所完成的事情。

比方說今天可能完成了一份工作報告，或是在學校應試，又或者是修好了家裡一個壞掉的電器。

這項練習能讓各位清楚了解到自己在現實生活中其實是有能力解決問題的（知道自己有些技能、專長和適應能力等）。

練習所需時間：5分鐘。

練習九

請寫下五件你今天學到的事物。

比方說你今天可能學到了一個新單字或是新的說法，也許你還學會烹飪一道新的菜餚，或是用吉他彈一首新歌。這項練習旨在提醒各位自己在某些方面一直有成長和進步！

練習所需時間：5分鐘。

練習十

請各位寫下五件今天令你感恩的事。

也許是工作、和伴侶的關係，或是自己的冰箱能有滿滿的食物讓你充滿感恩。這項練習意在訓練各位將感恩表達出來，擊退自怨自憐的心態。

練習所需時間：5分鐘。

我今天靠自己的實力完成了……

我今天學到了……

今天令我感恩的事……

練習十一

Step 1：請各位寫出十件上禮拜你經驗到的負面自我對話。
這些負面自我對話無分大小，不論是讓人有點不舒服，抑或是超級打擊內心的自我對話，請一一列下來。
例如，不知你的內在自我批判聲音是否曾對你說過以下的話？

「你減肥永遠不會成功啦！」
「沒人喜歡你。」
「你穿那件衣服有夠難看。」
「你的朋友馬克無視你的簡訊。他一定對你很不爽。」
「你沒有和那些人一樣能幹。」
「你的老闆要炒你魷魚了。」
「你是白痴。」

Step 2：接著，請在每一句話的旁邊寫下合適的因應之道。
舉例來說，在「你減肥永遠不會成功啦！」這句話旁邊，可以寫：「如果我少吃點垃圾食物，每天健走三十分鐘，體重一定會慢慢減下來的。」

這項練習可讓各位領悟到一件事：那些內在自我批判聲音說的話都是假的！而透過這樣的練習，還可幫助各位訓練自己的思維：每當碰到自我批判聲音嚴厲的指責時，要馬上起疑心，質疑這些批判聲音的真實性。

練習所需時間：20分鐘。

我上週的負面自我對話	因應之道

練習十二

每當你感到情不自禁，想任憑衝動恣意享樂時，請先靜心冥想五分鐘，別馬上衝動行事。計時五分鐘，接著閉上眼睛、專注於自己的呼吸。

這項簡單的練習能訓練各位發揮自制力。透過這套簡易又易上手的訓練方式，各位會更能習慣延遲享樂，以及無法及時行樂所帶來的不適感。

練習所需時間：5分鐘。

練習十三

Step 1：**寫出五件能激勵自己採取行動的事情。**
也許是讀了本勵志書或是聽了某種類型的音樂，又或者每當和志趣相投的人相處後，自己會覺得整個人充滿衝勁和力量。

Step 2：**寫出五件能讓自己的動機瞬間煙消雲散的事。**
也許是吃了含糖食物，或是事事苛求完美，又或者是和心態悲觀的人相處後，自己也跟著意志消沉了。

這項練習可讓各位意識到周遭環境對自己動機的影響。一旦覺察到這些環境因素的影響後，便能為了自己更長遠的目標做出更合適的調整。

練習所需時間：10分鐘。

能激勵自己採取行動的事……

讓我的動機瞬間消失的事……

練習十四

請寫下十五件需要「紀律」的配合才能抵抗誘惑或是堅持下去的事。這些事必須是各位平常就會遇到的事。我先列出一些例子給各位參考：

- 水槽裡還躺著一堆碗，得去洗碗了！
- 忙了一整天，回到家後得抵抗電視的誘惑。
- 早上起床後都要鋪床。
- 大清早去晨跑。
- 不要在辦公室裡和人東家長，西家短。
- 早晨時光來冥想。
- 工作時不要看手機。

請各位在接下來的一週練習發揮自律精神，勉強自己做些不太想做的事，並拋開一些你本來比較想做的事（至少要暫時拋開）。這項練習能訓練各位忍耐一段段的不適感。

練習所需時間：10分鐘。

哪些事情需要用紀律抵抗誘惑才能做到？

練習十五

Step 1：請各位想一下：有誰曾憑藉著自己強大的意志、決心與毅力，成功扭轉了劣勢，克服了艱困無比的逆境。這個人可以是你的朋友、家人或是個泛泛之交，也可以是位你素未謀面的名人。

舉個例子來說，我的某位朋友儘管有些病痛纏身，仍打造出一間成功的企業；除此之外，我還有個很親近的家人長年面對沉重的經濟壓力，但最終仍成功戰勝了壓力，為自己和家人掙得美好與幸福的生活。

若要以名人為例，傳奇球星麥可．喬丹還曾在高中籃球校隊甄選中落選！但喬丹仍堅持努力練球，最終成為了運動史上的傳奇球星。

Step 2：仔細想想這些人堅持不懈的努力、當初的沮喪失意，以及後來的勝利。不要拿自己和他們比較，只要想想他們為了登上心中的巔峰而展現出多大的復原力與恆毅力就行了。

Step 3：現在，請各位敘述一件自己曾放棄，但如今後悔不已的往事。接著請各位想想若能回到從前，若能抱持前述你想到的成功人士的心態，你能做哪三件事情來鼓勵自己繼續堅持下去。請把這三件事情寫下來。

練習所需時間：15分鐘。

我認為的成功人士是誰？他為了達到頂尖展現出多大的復原力和恆毅力？

我曾經放棄，但如今後悔不已的事……

若能回到過去，抱持著成功人士的心態，我能做哪三件事情來鼓勵自己堅持下去？

練習十六

Step 1：一講到「無聊」，通常會讓你聯想到哪些感覺呢？請把你想到的感覺寫下來。

我先來舉些例子：

- 焦躁不安
- 沮喪
- 沉著冷靜
- 心滿意足
- 易怒
- 愉悅
- 罪惡感
- 樂觀的態度
- 悲觀的態度

Step 2：接下來，請各位重新調整對這些負面情緒的看法。

舉例來說，若你無聊時會感到焦躁不安，請務必好好探究「焦躁不安」情緒的來源。也許你從小到大就被灌輸一個觀念：空閒時間根本是毫無用處。所以你必須一直找些事來做，絕對不能讓自己停下來。若各位不安的來源正好是這樣，那麼不妨調整自己對「空閒時間」的看法，把空閒時間看成一段休養期——此時的你可藉此機會放鬆一下，替自己充充電。

練習所需時間：10分鐘。

「無聊」給我的感覺是什麼？

我可以如何重新調整這些感覺？

練習十七

Step 1：請描述一件你的失敗經驗。

任何的失敗經驗都可以，無分大小，也無分嚴重與否。請寫下當時究竟發生了什麼事，以及自己在當下的決定與作為（或不作為）是如何導致負面的結果。

Step 2：描述一下失敗後你感受到的情緒。

當時心中是充滿了罪惡感、憤怒和沮喪嗎？

Step 3：最後，請你仔細想想：當時其實可以做些什麼來扭轉局勢？

先讓我舉一個自己的失敗經驗，提供各位做參考：在高中的時候，有一天我決定自學吉他。初期的嘗試與摸索簡直是慘不忍睹，我根本什麼也不會，經歷了一次又一次的失敗。

那時的我常任由情緒主宰了自己：一直在怪自己怎麼會彈不好，且當下一股腦兒的憤怒、沮喪與失望情緒通通都湧上來了。想當然了，這種行為根本沒辦法改善我的彈奏技巧。

最後我決定拋開這所有的負面情緒。我接受了自己的負面情緒，也下定決心要繼續學吉他。我每天早上四點半起床，起床後就開始練彈，彈到該出門上學為止。

結果如何呢？結果是我慢慢有所進展，練到了我自己很滿意的程度。

現在該換各位講講自己的失敗經驗了。

練習所需時間：15分鐘。

我的失敗經驗……

失敗當下的感受……

我當時其實可以怎麼做？

練習十八

Step 1：請各位寫下三個讓你嚇得不知所措、缺乏自信和腦中滿是負面自我對話，以至於無法有所作為的經驗。

Step 2：再請各位說說今天的你會如何運用美國海豹部隊的訓練心法來應對從前那三個情境。

練習所需時間：10分鐘。

讓我不知所措、缺乏自信，以至於無法有所作為的經驗……